ブランド戦略
としての
コンプライアンス

ステークホルダーからの共感と信頼が生む競争優位

三浦悠佑
〈弁護士〉

Compliance
as Branding

第一法規

はじめに

　——コンプライアンスは、ブランド戦略である。

　本書は、コンプライアンスを企業がより多くの利益を上げるためのブランド戦略の一部として再構成するための考え方と実践方法について紹介する本です。本書が従来のコンプライアンス論と大きく異なる点は、コンプライアンスを企業の利益追求のための手段と位置付けている点です。もちろん、「顧客や従業員を騙してでも利益を上げよう」というような反社会的な主張をするわけではありません。しかし同時に、「顧客や従業員に正直であるために、利益を犠牲にすべきだ」という主張をするわけでもないのです。

　企業コンプライアンスの世界では、「利益かコンプライアンスか」は二者択一と考えられがちです。特に最近では、ESG 投資や SDGs などの考えを根拠として、コンプライアンスより利益を優先するのは良くないという考え方が一般的になってきました。現代において「コンプライアンスより利益を優先する」ことを標榜するような企業は袋叩きにされることでしょう。しかし他方で、企業経営の現場にはコンプライアンスを守って会社を潰したら元も子もない、といった意見があることもまた事実です。だから、企業経営のことを考えると、「法律を守るために利益を犠牲にしなさい」という意見には、モヤモヤを感じてしまうのです。

　でも、ちょっと待ってください。そもそもコンプライアンスは、企業の利益と引き換えでなければ達成できないものなのでしょうか。私は欲張りな性格なので、「どちらか一方」と言われると、つい「両方手に入れるための方法は無いか」と考えてしまいます。そして、この欲張りな問いこそが、本書の出発点です。

　この問いに対する答えを探すヒントになったのが、企業が追求する利益は「持続的利益」であるべきだ、という考え方です。これは 1 年、2 年というスパン

で一時的に利益を出すよりは、より長期にわたって安定的に利益を出し続けることが企業経営にとって良いことだという考えです。不正を行うことによって、一時的に高い利益を出すことはできるかもしれませんが、そのようなやり方は決して長続きしません。不正によって顧客との取引が取りやめになったり、工場が操業停止に追い込まれたりするなど、企業の存続自体が難しくなってしまった例を見聞きした人もいるでしょう。これに対して、不正が起こりにくい組織を作りコンプライアンスを重視した経営を行えば、不正によって事業が続かなくなるということは減り、企業は利益を出し続けることができます。

　本書では、さらに進んで、コンプライアンスによって持続的利益を拡大することにも挑戦します。突拍子もない話に聞こえるかもしれませんが、私たちの多くは、不正を行う不誠実な企業よりも誠実な企業の方が多くの顧客からの信頼を集めることができると感じますし、従業員の立場からも誠実な企業で働く方が働きやすく、実力を発揮しやすいと感じます。つまり、コンプライアンスの実現＝誠実な企業であることは、顧客や従業員＝ステークホルダーからの信頼を高めることを通じて、企業の持続的な利益の拡大に繋がることを、私たちは直感的に知っているのです。

　ところで、ステークホルダーからの信頼を獲得するには、単に誠実に事業を行うだけでは不十分です。誠実に事業活動を行っていることや、誠実であるために様々な取り組みを行っていることを、ステークホルダーに正しく知ってもらう必要があります。しかも、持続的な利益を大きく拡大させるには、より多くのステークホルダーに、より深いレベルで「誠実さ」を理解してもらい、共感してもらわなければなりません。そのためには商品・サービスのデザインや従業員の立ち居振る舞いまで、ステークホルダーとのあらゆる接点（タッチポイント）から、その企業らしい「誠実さ」を感知できるように設計する必要があります。

　こうした「誠実さ」のような企業の強みをカタチにすること、そしてそれをステークホルダーに的確に伝え共感を得る方法を、本書ではブランディングとかブランド戦略と呼ぶことにします。つまり、コンプライアンスとは、それぞ

れの企業の「誠実さ」という強みをカタチにし、それをステークホルダーに伝えることによって、企業の持続的な利益を拡大するための「ブランド戦略」だ、というのが本書の視点です。

2024 年 11 月

三浦　悠佑

目　次

はじめに

第 1 章
コンプライアンスとは何か

1　コンプライアンスの定義と歴史 ………………………………………… 8
　　(1) コンプライアンスの定義 ………………………………………… 8
　　(2) 日本のコンプライアンスの歴史 ……………………………… 10
2　コンプライアンス違反の種類 ……………………………………… 13
　　(1) 決まりの種類による分類 ……………………………………… 13
　　(2) 性質による分類 ………………………………………………… 16
3　コンプライアンス違反の原因の 4 象限 ………………………… 19
　　(1) 制度不備（第 1 象限　法律×組織） ………………………… 20
　　(2) 知識不足（第 2 象限　法律×個人） ………………………… 20
　　(3) 個人のモラル／ " 常識 " への囚われ（第 3 象限　非法律×個人）… 21
　　(4) 組織風土（第 4 象限　非法律×組織） …………………… 22
4　一般的なコンプライアンス違反防止対策 …………………… 25
　　(1) 社内制度の整備 ………………………………………………… 25
　　(2) 法律知識の拡充 ………………………………………………… 27
　　(3) 個人や組織の意識改革 ……………………………………… 28
5　なぜ、コンプライアンス違反は無くならないのか ………… 29
　　(1) 従来型コンプライアンスの課題 ………………………… 29
　　(2) コンプライアンスは進化の岐路に立たされている ……… 39

第 2 章
ブランド戦略とコンプライアンスの統合

1　ブランド戦略とは ……………………………………………………… 46
　　(1) ブランドの定義と歴史 ……………………………………… 46

（2）ブランド・エクイティとブランド価値の金銭的評価 …………… 49
（3）本書における「戦略」の定義 ……………………………………… 53
2 統合の全体像 ………………………………………………………… 55
（1）統合の視点 ………………………………………………………… 55
（2）ブランド戦略としてのコンプライアンスのフレームワーク ……… 57
（3）共通目的、核としての「ブランド理念」「コンプライアンス」と
「パーパス」………………………………………………………… 59
（4）インターナル・ブランディング×コンプライアンス …………… 61
（5）エクスターナル・ブランディング×コンプライアンス ………… 68
（6）フィードバックループ …………………………………………… 78
3 統合のメリットと従来型コンプライアンスとの違い …………………… 88
（1）統合フレームワークのまとめ …………………………………… 88
（2）ブランド戦略としてのコンプライアンスに取り組むべき理由 ……… 89

第3章
ブランド戦略としての コンプライアンスのグランドデザイン

1 目的を定義する ……………………………………………………… 98
（1）ブランド理念 ……………………………………………………… 98
（2）ブランド理念とコンプライアンスの目的の統合 …………………… 104
（3）目的の統合・言語化の具体例 …………………………………… 108
2 現在地を分析する …………………………………………………… 114
（1）コンプライアンス違反の原因の4象限による分析 ………………… 114
（2）現在地分析の具体例 ……………………………………………… 126
3 解くべき課題を決める ……………………………………………… 130
（1）解くべき課題の見極め方 ………………………………………… 130
（2）課題決定の具体例………………………………………………… 136
4 打ち手とリソースの配分を考える …………………………………… 140
（1）打ち手の選択 ……………………………………………………… 140

（2）リソースの配分を決める ……………………………………………… 145

（3）打ち手とリソース配分の具体例 …………………………………… 146

5　戦略の評価と分析 ………………………………………………………… 152

第4章
ブランド戦略としてのコンプライアンスの実施

1　ブランド戦略としてのコンプライアンス実施の全体像 ………… 156

2　ブランドを擬人化する ………………………………………………… 158

（1）ブランドの擬人化とは ……………………………………………… 158

（2）ブランドの擬人化の具体例 ………………………………………… 162

3　打ち手を配置し、タッチポイントとしてデザインし直す ……… 166

（1）タッチポイントとしての打ち手 ………………………………… 166

（2）インターナル・ブランディングとしての打ち手 …………… 168

（3）エクスターナル・ブランディングとしての打ち手 ………… 188

（4）打ち手を連携させるフィードバックループ ………………… 200

第5章
ブランド戦略としてのコンプライアンスの継続と
アップデート

1　継続的進化のための課題 ……………………………………………… 207

（1）コンプライアンス活動の風化 …………………………………… 207

（2）コンプライアンス戦略の陳腐化 ………………………………… 208

2　継続的進化のための視点 ……………………………………………… 211

（1）組織学習 ………………………………………………………………… 211

（2）進化を促す「問い」と思考法 …………………………………… 214

おわりに ……………………………………………………………………………… 218

著者紹介 ……………………………………………………………………………… 220

第1章

コンプライアンスとは何か

コンプライアンスの定義と歴史

（1）コンプライアンスの定義

　不正が起きない組織を作る、という壮大な物語の第一歩を踏み出すにあたり、まずは「コンプライアンス」という言葉の意味を整理しておきましょう。最近よく耳にする言葉ではあるものの、どこか輪郭がぼやけていて意味を説明しろと言われたらちょっと難しいですよね。

　complianceの動詞形であるcomplyは、元々ラテン語で強調を意味する「com」と、「満たす」を意味する「pleo」が合わさった語であるとされています。つまり、中心となるイメージは「何らかの要求を完全に満たす」ということです。ここからcomply with ～＝「従う」「準ずる」という意味が生まれました。問題は、「何に従うのか」ということです。現在、コンプライアンスという言葉の日本語訳として一番多く使われるのは「法令遵守」という言葉です。遵守とは法令や慣習などを逸脱せずによく守るという意味ですので、法令遵守とは「法令に従うこと」という意味だと言えるでしょう。ちなみに、メディアなどでは「法令順守」という漢字が用いられることもありますが、基本的な意味は同じです。

　さて、コンプライアンス＝法令をよく守ることだ、とわかってめでたしめでたし、とはならないのがややこしいところです。というのも、最近では「コンプライアンス」という用語は多義的に使われるようになっているからです。一番の原因は、「何に従うのか」というコンプライアンスの対象の広がりです。

注1　なお、医療の分野では医師が決めた医療行為に患者が従うこと、例えば、指示されたとおりに薬を飲む、健康的な生活を送るという意味合いで使われることもあるそうです。こうしたコンプライアンスと区別するために「企業コンプライアンス」という用語が使われることもあります。

第 1 章
コンプライアンスとは何か

　従来型のコンプライアンス、とりわけ日本におけるコンプライアンスでは「法令遵守」の言葉にもあるように、従う対象は法令であるとされてきました。

　しかし、企業の社会的責任（Corporate Social Responsibility ＝ CSR）の広がりにより、法令さえ守っていれば何をやってもいいわけではないという考え方が一般的になると、コンプライアンスの対象も法令から、法令以外の社内規則、契約といったルールや、さらにはステークホルダーの期待、社会の期待、プリンシプルといった目に見えない決まりにまで広がりをみせるようになりました。また、コンプライアンス実現のための具体的な企業の行動に着目して、不正防止対策や炎上防止対策をコンプライアンスと呼んだり、ESG 投資や SDGs の文脈から、コンプライアンスとはルールや決まりを守って利益を上げること＝企業経営そのものであるという考えも登場しました。

　このように、人によって様々な意味を持つコンプライアンスという言葉ですが、本書では compliance という単語の持つ本来の意味である「従う」「準ずる」を重視して「決まりを守ること」と定義したいと思います。その上で、決まりとは何かを「コンプライアンスの対象」の問題、何のために行うのかを「コンプライアンスの目的」の問題、どんなアクションをするのかを「コンプライアンスの施策」の問題、という具合に整理をしたいと思います。

コンプライアンス とは	守るべき決まり （対象）	何のためか（目的）	具体的アクション
決まりを守ること	・法令 ・社内規則など社内ルール ・社会の期待 　　　　　　　など	・レピュテーションリスクを減らす ・社会的責任を果たす 　　　　　　　など	・研修の実施 ・社内規則・制度の整備 ・企業風土の改善 　　　　　　　など

　例えば、「コンプライアンスとは、法令さえ守れば何をやってもいいことではない」という話は、コンプライアンスの対象が法令のみなのか、別の何かを含むのかという違いであると整理できますし、「コンプライアンスとは、経営そのものである」という話は、コンプライアンスの目的は何かという議論であると理解できます。「どのようにコンプライアンスを進めるか」という話は、

9

コンプライアンスの具体的アクションとは何かという議論だと整理できるでしょう。

この定義の良いところは、「決まりを守る」という誰とでも意味を共有しやすいシンプルなものであること、論者によって様々な意味合いを持つコンプライアンスという用語を上手く整理することができる点にあるといえます。[注2]コンプライアンスとは「決まりを守ること」。これで言葉の輪郭がはっきりしました。

(2)日本におけるコンプライアンスの歴史

コンプライアンスについてもう少し知っていただくために、次は歴史のお話をします。ちょっとややこしいかもしれませんが、できるだけわかりやすく説明しますのでお付き合いください。

日本の戦後復興期には、急速な経済成長が進む中で企業統治が形成されました。この時期の日本企業は、「企業共同体モデル」に基づく経営を行っており、株主よりも従業員や取引先との関係を重視していました。例えば、銀行主導のメインバンク制が企業ガバナンスの中心にありました。この体制は安定的な成長を支えた一方で、法令遵守や透明性に対する意識は低いものだったと言われています。

1980年代後半のバブル経済崩壊により、日本企業は大量の不良債権を抱えることになりました。これに伴い、企業の透明性や説明責任の向上が求められるようになり、1993年には商法改正により監査役の権限が強化されました。また、持ち株会社が解禁され、企業グループの透明性も向上しました。この時期に内部統制の概念が広まり、企業のガバナンスに関する法的規制が整備されました。

注2　ちなみに私は常日頃、コンプライアンスとは「正々堂々と、胸を張って働くことができる組織を創ること」であると主張してきましたが、上記の整理からするとこれは「コンプライアンスの目的」についての主張だと言えそうです。

第1章
コンプライアンスとは何か

　2000年代になると、エンロンやワールドコムといった企業スキャンダルが国際的に注目され、日本でもコンプライアンスの重要性が再認識されました。これに応じて、2002年には金融商品取引法（日本版SOX法）が制定され、企業の内部統制報告制度が導入されました。

　2010年代にかけて、日本企業の国際競争力強化を目指し、国際的なコンプライアンス基準の導入が進められました。国内では、2004年のライブドア事件などの企業不祥事を受けて、企業のガバナンス強化が急務となったほか、2011年の東日本大震災による福島第一原発事故を契機に、安全性やリスク管理の重要性が再認識され、2012年のディオバン事件を受けて、研究倫理に関する規範が強化されてきました。

　2020年代になると、環境（Environmental）、社会（Social）、ガバナンス（Governance）の観点から企業の持続可能性を評価するESG投資が注目されるようになりました。これに伴い、日本企業も持続可能な開発目標（SDGs）を取り入れた経営戦略を進めるようになり、コンプライアンスの範囲が拡大しました。企業は環境保護や社会貢献に対する責任を果たすことが求められるようになり、これが新たな規範として定着しつつあります。

　日本のコンプライアンスは、企業の内部統制の文脈から発展し、その後はグローバル化、国際競争力強化の名の元にアメリカやEUで作られた国際ルールを輸入することで発展してきたという歴史があります。そのことから、日本人にとってコンプライアンスは「舶来物」、つまり海の向こうの価値観の下で作られたものである、という意識がどこかにあるのではないかと私は感じています。「コンプライアンス」という言葉がカタカナ語（英語）のまま定着しているのもそうした意識の表れの一つではないでしょうか。

　もちろん、日本においてコンプライアンスのような概念が全くなかったわけではありません。例えば、近江商人（現在の滋賀県の商人）には「三方よし（さんぽうよし）」という理念がありました。三方よしは「売り手よし、買い手よし、世間よし」の三つの利益がすべて満たされる取引を意味します。つまり、商売によって売り手と買い手が利益を得るだけでなく、社会全体にとって良い影響

11

を与えることこそが良い商売だということです。

　他にも、日本実業界の父と言われ新1万円札にも印刷されている渋沢栄一（1840 ～ 1931）は、著書[注3]の中で、「士魂商才」という言葉を用いて利潤と道徳の調和を解いています。士魂とは、論語に代表される武士が持つ道徳心であり、商才とは経済的成功を収めるための才能のことです。興味深いのは、渋沢栄一は真の商才とは道徳を内包したものであり、不誠実なことをしてお金を儲ける能力は、真の商才などではないと断じている点です。

　また、現パナソニックホールディングスの創業者で経営者の松下幸之助（1894 ～ 1989）もまた、「企業は社会の公器」であるとして、企業は社会から預かった人材、資金、土地、原材料などを活用して、人々や社会が必要とする商品やサービスを提供する存在だと考えました。つまり、企業はその活動を通じて社会全体に貢献する責任を負っているということです。

　彼らが残した言葉や考え方は、今日でも多くの企業に受け継がれています。つまり「コンプライアンス」という概念を輸入するまでも無く、日本の経営の考え方の中には古くから「誠実に商売を行うことこそが最良のビジネスである」という考え方が根付いていたといえます。こうした日本のコンプライアンスの歴史を見ていると、日本古来の「三方よし」「士魂商才」「企業は社会の公器」といった経営哲学とコンプライアンスとの関係を再考することが、舶来物で義務的なコンプライアンスを脱却し、日本企業の文化の一部として真の意味で根付くことに繋がると言えるでしょう。

....
注3　渋沢栄一著、守屋淳訳『現代語訳　論語と算盤』（ちくま新書、2010 年）

第 1 章
コンプライアンスとは何か

2 コンプライアンス違反の種類

（1）決まりの種類による分類

　コンプライアンスの対象の広がりによって、様々な行為がコンプライアンス違反と呼ばれるようになりました。そこで、一度コンプライアンス違反の種類について概観しておきましょう。本書では、2つの視点による分類を紹介します。1つ目の視点は、どんな「決まり」に違反したかという視点です。
①法令違反
　まずご紹介するのは、最も厳格な「決まり」である法令への違反です。代表的なものとしては、詐欺や横領といった刑法に違反する典型的な犯罪行為のほか、インサイダー取引（金融商品取引法違反）やカルテル・談合（独占禁止法違反）、下請代金の減額（下請法違反）、法定労働時間を超える労働の強制（労働基準法違反）、個人情報の漏えい（個人情報保護法違反）などがあります。
　法令違反行為の例としては、日産自動車の下請法違反事件があります。この事件は、日産自動車が下請事業者に対し不当な値引きを強要し、コスト削減のための圧力（具体的には、部品の納入価格を一方的に引き下げるよう要求し、下請事業者に対する支払を遅延させるなど）をかけたというもので、公正取引委員会は一連の行為を下請法に違反すると判断しました。日産は公正取引委員会の処分を受け、取引慣行の見直しと再発防止策の強化を進めることを表明しましたが、問題となった減額が約30億円に上るということも相まって大々的に報道され、日本経済団体連合会や日本自動車工業会からも厳しく非難されることとなりました。大企業と下請事業者との関係の公正性を問う重要な問題であり、自動車業界を含む製造業全体に大きな影響を与えました。
　法令違反の特徴は、違反が誰の目から見ても明らかであることです。法令違

反を犯した企業や関与した個人は罰則が適用され、社会的にも大きな批判を受けることになります。これは、法令違反がほとんどの場合「悪いこと」であり、たとえいかなる事情があったとしても許されないとされることが多いためです。そのため、法令違反を犯した企業のブランドは大きく傷つき、場合によっては長い年月を経た後でも「○○法違反を犯した企業」であるという悪いイメージが払しょくできないこともあります。

②契約違反や業界ルールの違反

　コンプライアンス＝法令遵守であった時代は、コンプライアンス違反といえば法令違反を指していましたが、コンプライアンスの対象の広がりによって、法令以外の「決まり」の違反もまた、コンプライアンス違反と呼ばれるようになりました。その代表格が、契約違反や業界ルール違反のような法令ではないものの文章化された「決まり」の違反です。

　契約違反とは、契約書に明記された条件や約束を守らないことを指します。契約は当事者同士の合意に基づくものであり、一般的には当事者間の問題として扱われます。しかし、近年では企業活動の複雑化により、契約違反が社会的に大きな影響を与える事案も増えています。代表的な例は、企業が消費者に対して、事前に説明した機能や安全基準を満たさない商品を販売する事例などが挙げられます。

　業界ルール違反は、当該業界内で定められた自主規制やガイドラインを逸脱する行為を指します。これらの違反もまた、当該業界内の問題に留まらず、企業のブランドに影響を与えることが増えています。最近報道されることが増えた、メーカーによる無資格検査やデータ偽装などはこうしたルール違反の典型例といえるでしょう。

　契約や業界ルール違反は、場合によっては法令違反と同時に問題になることがあります。例えば、契約違反が消費者保護法や独占禁止法に抵触する場合、法的な処罰が加えられることになります。法令違反ほど強い非難を浴びずに済むこともありますが、最近では法令違反と同程度かそれ以上の批判にさらされ

第 1 章
コンプライアンスとは何か

ることも増えてきました。それに伴い、「契約を守らない企業」「業界ルールを守らない企業」と言った負のレッテルがブランドを大きく棄損するリスクも大きくなっています。

③社会の期待に対する違反

　最後の類型として取り上げるのは、社会の期待に反する違反です。これは法令や契約といった成文化されたルールに違反するのではなく、社会からの期待という曖昧な「決まり」に違反したことが問題となる事例です。この「社会の期待」は明確な法的基準が存在しないため、コンプライアンス違反分類の中でも最も取り扱いが難しい類型といえます。

　「社会の期待」は、社会に生きる私たちが暗黙のうちに共有している倫理観や価値観に基づくものであり、目に見えないものです。しかし、法令違反や契約違反と同じように企業ブランドを傷つける可能性があります。例えば、企業が環境保護や人権問題に対して無関心であることが明らかになると、それがたとえ具体的な法令や契約に違反しなくとも、社会からの批判を受け、企業の信頼性が低下します。

　社会の期待に対する違反の代表例は、失言問題でしょう。例えば、ある外食チェーン企業の幹部が、女性を差別するような不適切な発言を行ったことで大きな批判を受けたことは記憶に新しいと思います。この発言は、新商品のプロモーションに関する説明の際に行われ、若い女性の消費者を侮辱する内容であるとして、SNSやメディアを通じて広範な批判が巻き起こり、企業のイメージが大きく損なわれました。問題となった企業は、すぐに謝罪声明を発表し該当する幹部を解任しました。また、再発防止のための研修や内部のコンプライアンス体制の見直しを実施しました。しかし、この一連の対応にも関わらず、一度失った信頼を回復するのは容易ではなく、企業としての社会的責任が問われる事態となりました。

　社会の期待に対する違反は、法令違反や契約違反と同時に問題になることがほとんどです。例えば、長時間労働や過酷な労働環境が続いている企業は、労

15

働基準法に違反するとともに、働きやすい会社という社会の期待にも反していることになりますし、カルテルや談合を行った企業は独占禁止法違反に問われるだけでなく、フェアな企業であって欲しいという社会の期待に反することになるでしょう。ここで注目すべきなのは、先ほどの外食チェーンの事案のように、法令や契約に違反していなくとも（あるいは、軽微な違反であっても）、社会の期待に反する行為を行うことがコンプライアンス違反として大きな問題になるということです。企業は社会的な存在であり、「法令や契約を守っていれば何をしてもよい」というわけではないからです。

　実は、ブランディングの文脈からも同じようなことが主張されています。現代において、ブランドとは単なる製品やサービスの名前ではなく、企業と社会との信頼関係を表すものとされています。ブランド論の研究者であるデービッド・アーカーは、ブランドビジョンは「機能的な利益を超えて、組織の価値観、高次の目的、ブランドの個性、感情的、社会的、自己表現的な利益を考慮するべき」と主張しています。ブランドは顧客や社会との関係性を築くものであり、そのためには社会の期待に応えることが重要だというのです。そして、アーカーは著書において、ブランドとは「組織から顧客への約束」であるとも述べています。これは「社会からの期待」という決まりを守るコンプライアンスを含む概念だと言ってよいでしょう。

　コンプライアンスの対象である「決まり」の概念が広がるにつれて、コンプライアンスは法律の問題からブランディングの問題に近づいているのです。

⸬ （2）性質による分類

　対象となる「決まり」による分類のほかに、その「性質」にも着目して分類することも有益です。ここでは、心理学者の岡本浩一と鎌田晶子の著書や郷

注4　デービッド・アーカー著、阿久津聡訳『ブランド論―無形の差別化を作る20の基本原則』（ダイヤモンド社、2014年）
注5　岡本浩一／鎌田晶子著『属人思考の心理学―組織風土改善の社会技術』（新曜社、2006年）

第1章
コンプライアンスとは何か

原総合コンプライアンス法律事務所代表の郷原信郎弁護士の見解[注6]を参考にしながら、個人的違反と組織的違反についてご紹介します。

①個人的違反

　個人的違反とは、個人が自身の利益を達成しようとする過程で発生する違反を指します。典型的な事例としては、企業の資金や資産を個人的に流用する行為や、ライバル会社に提供して金銭を得るために企業の営業秘密（技術情報、顧客リスト、ビジネスプランなど）を不正に持ち出す行為などがあります。郷原信郎弁護士は、この種のコンプライアンス違反について「ムシ型」と呼び、個人の利益のために個人の意思で行われる単発的な行為を指すとしています。

　個人的違反は、個人による特定の行為がフォーカスされることが多いので、発見や対処が比較的容易であるとされています。問題となった個人を処罰し、場合によっては解雇するなどの措置を取った上で同種の違反行為ができないように監視体制を強化することが有効です。個人による違反行為を特定し、動機や背景事情を解明して、処分を行うという意味では法律家による調査や解決に馴染みやすい違反類型といえます。

②組織的違反

　もう1つの類型は組織的違反です。組織的違反は、組織全体の利益を守るために組織ぐるみで行われる違反行為を指します。このような不正は、具体的な行為を行った個人の権限だけでは実行不可能であり、組織全体が関与することではじめて成立することが少なくありません。組織的違反は、企業全体にわたる影響が大きく、発覚した場合の社会的な影響も甚大です。代表例としては、公共工事や政府の調達などでよく見られる談合や、製造業でたびたび問題となる製品の品質や性能に関するデータ改ざん、不正会計などが挙げられます。

　また、それらの不正を隠蔽し、外部に発覚しないようにする行為もまた組織

注6　オルタナ「郷原信郎弁護士：蔓延する『カビ型不祥事』の対処法」(https://www.alterna.co.jp/42239/)

17

的違反であると言えるでしょう。郷原信郎弁護士は、このような組織的な不正行為を「カビ型」と呼んでいます。これは、問題となる個人が見えやすく、対処が比較体容易な「ムシ型」と異なり、表面的には見えにくいが組織の内部に根深く浸透し、長期間にわたって影響を与える「カビ」のような性質があるためです。

　組織的違反は社会問題化することが多く、みなさんの記憶に残っているものも多いと思います。例えば、神戸製鋼所による品質検査データの改ざんや、東芝による不正会計、スバルによる無資格検査、最近では日野自動車や豊田自動織機による認証不正や、損害保険会社によるカルテルなど、マスコミを騒がす企業不正の多くは組織的違反であると言えます。

	個人的違反	組織的違反
概要	組織内で、個人的利益を追及した結果発生する違反行為（横領等）	組織の利益を上げようとした結果発生する、組織ぐるみの違反行為（不正隠し等）
原因	個人のモラル、コンプラ意識欠如制度の不備	組織の意思決定の誤り組織風土（属人風土）
対処法・予防法	コンプラ意識の向上マニュアル・規則等の整備	属人的評価を避ける人事システム職位・職務と人格を切り離した人間関係

出典：岡本浩一／鎌田晶子著『属人思考の心理学―組織風土改善の社会技術』（新曜社、2006年）をもとに筆者作成

第1章 コンプライアンスとは何か

3 コンプライアンス違反の原因の4象限

　さて、ここまでコンプライアンス違反を2つの視点で分類してきたのには理由があります。一口にコンプライアンス違反と言ってもその発生のメカニズムは複雑で、しかも法律や組織風土など様々な要素が絡み合っています。例えば、知識不足によって制度不備が引き起こされ、コンプライアンス違反が野放しになってしまったり、経営者個人の常識への囚われが、組織全体の風土に悪影響を与えることもあります。

　したがって、コンプライアンス違反を効果的に防止し、誠実な組織であることをステークホルダーに効果的にアピールするには、それぞれの原因を適切に分類し、相互関係を明らかにしたうえで、多面的な対処を行う必要があります。例えば、制度不備には明確なガイドラインを、知識不足にはしっかりした教育を、という具合です。

　そこで役立つのが、私が実際に不正調査や再発防止・予防策の提案で使っている「違反の4象限」です。これは、先ほどご紹介したコンプライアンス違反の種類を基に違反の分類を行うことで、原因を視覚的に整理することを目的とした図で、企業や組織の課題がどこにあるのかを的確に把握して共有し、適切な対処を考えるためのガイドとして用いるものです。

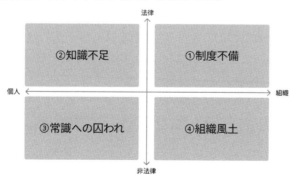

19

図の縦軸は、法律─非法律軸です。これは違反の原因が法律やルールに関するものか、それとも社会の期待のようなそれ以外の要素に関連するものかを示しています。先ほどのコンプライアンス違反の種類のうち、「決まりの種類による分類」に対応しています。横軸は、個人─組織軸です。これは、その違反が個人的違反であるのか組織的違反であるのかという「性質による分類」に対応しています。この図では、2×2の4象限でコンプライアンス違反の原因を視覚化します。

（1）制度不備（第1象限　法律×組織）

　最初の原因は「制度不備」です。コンプライアンス違反の防止に向けた明確な社内規則やポリシーが存在しない場合や、従業員に対するコンプライアンス教育が十分に取り入れられていないような場合を指します。例えば、製造業において製品の品質管理に関する明確なガイドラインが欠如しており、従業員が適切な手順を理解していなかったことによって、品質データの改ざんが行われたといった場合や、金融機関において取引の監視システムが不十分であり、従業員が不正取引を行いやすい環境にあったことが原因で不正取引が発生してしまった場合などは、制度不備によってコンプライアンス違反が引き起こされたと言えます。

　制度不備に対して有効なのは、文字通り制度を整備することです。適切なコンプライアンス制度を整備し、従業員に対して継続的な教育を提供するというコンプライアンス違反防止のための基礎的な対応を行うことによって、制度不備が原因となるコンプライアンス違反のリスクを大幅に低減させることができ、企業の信頼性を高めることができます。

（2）知識不足（第2象限　法律×個人）

　2つ目の原因は「知識不足」です。これは、個人が法律や規則について十分

第1章
コンプライアンスとは何か

な知識を持っていないことを指します。新入社員や中途採用の従業員のように、組織や業界特有の法律や規則に対する知識が不足している人はもちろん、長く働いている人であっても法律やルールに無頓着な人は、この問題に直面しやすいといえます。例えば、製薬業界のように業界特有の厳格で複雑な法律や規則がある業界では、新入社員が薬品の取り扱いや販売に関する法律の理解が不十分なまま業務に従事し、法令違反を犯してしまう場合や、中途採用されたエンジニアが前職の企業と同じようにデータ管理を行った結果、結果的に転職先の企業の社内規則に違反してしまう場合などは、知識不足によるコンプライアンス違反になります。知識不足によるコンプライアンス違反の多くは、従業員が意図せず違反行為を行ってしまうという点に特徴があります。

　知識不足のコンプライアンス違反を防止するために有効なのは、継続的な教育プログラムを提供し、最新の法令や規則に関する知識を常にアップデートすることです。例えば、定期的なコンプライアンス研修やeラーニングなど、多くの企業や組織が取り組んでいるコンプライアンス違反防止策は、知識不足を原因とする違反防止のためには効果的だと言えるでしょう。

（3）個人のモラル／"常識"への囚われ （第3象限　非法律×個人）

　3つ目の原因は「個人のモラル／"常識"への囚われ」です。これは、個人が自分の常識や経験に頼りすぎて法令や規則に注意を払わなくなることをいいます。例えば、長年同じ業界で働いている人は、自分の経験に基づく判断を絶対視し、結果的にコンプライアンス違反を引き起こすことがあります。建設会社などにおいて、ベテラン従業員が長年にわたって行われていた慣習に基づく現場での判断を法令に基づく手続より優先させ、建築基準法に違反する事態が発生したという事案や、製造業で長年にわたり製品の品質検査を独自の基準で行っていた結果、実際には法律で定められた基準を満たしていない製品が出荷され続けるといった事例は「"常識"への囚われ」の典型例といえるでしょう。

　この"常識"は業務の手続、法規制以外にも部下の指導育成方法であるとか、

21

いわゆる"飲みニケーション"のようなコミュニケーション方法の是非、ワークライフバランスのあり方など、幅広い価値観に関連するという点に特徴があります。例えば、上司と部下の指導育成方法の"常識"の違いがパワハラの原因になったり、同僚間のコミュニケーション方法の"常識"のずれがセクハラになったりする場合です。

　こうした個人のモラル／"常識"への囚われによるコンプライアンス違反を防ぐために必要なのは、その"常識"が他の人にとっても等しく"常識"なのではないことを確認するなど個人のマインドセットを変える方法や、職場の中には、経営と現場の意見、若手流のコミュニケーションと中高年流のコミュニケーションなど複数の"常識"があるということを再認識するような研修や組織の仕組みを作ることが挙げられます。

　"常識"は個人の信念や成功体験と結びついた「決まり」であることが多く、本人にとっては正しいものであるという難しさもあります。例えば、製造業で契約に反する独自基準による品質検査が行われたという場合、現場の目から見ればそもそも契約に定められている検査基準に合理性が無く、独自基準の方が合理的であるという場合もあります。

　また、部下の指導育成方法については、一般的に上司自身が受けた指導育成方法の影響を強く受けることが多く、そうした育成過程を経て出世をした（上司になった）という成功体験と結びついて、確固たる"常識"になっている場合も少なくありません。個人のモラル／"常識"への囚われへの対処が難しい点は、法律やルールといった「決まり」の正しさと、個人的な「決まり」の正しさ、という異なる正しさがぶつかり合う点にあります。

（4）組織風土（第4象限　非法律×組織）

　最後に挙げる原因は「組織風土」です。これは、組織全体の文化や風土がコンプライアンス違反を助長している場合です。例えば、売上至上主義が蔓延し過剰なノルマが従業員に課されている環境下で、従業員が業績を達成するため

第1章
コンプライアンスとは何か

に不正行為に手を染めることが黙認されていたという場合や、上司に対して失敗や問題点を報告すると激しく叱責されるような社風の影響で、不正取引に関する情報が上層部に共有されないまま蔓延していくという場合は、組織風土によるコンプライアンス違反であると言えます。

　組織風土の問題は、多くの企業不正における第三者委員会等の調査報告書でも指摘されている事項であり、読者のみなさんの注目度も高いと思います。ただ、この組織風土の問題はコンプライアンス違反の原因の中でも最も扱いが難しい、厄介な原因なのです。

　その理由の一つは、「組織風土」とは一体何なのか、つかみどころがないことです。例えば、「うちの企業は、○○な組織風土を目指している」とか「現状の組織風土は○○だ」というのを言語化したり定量化したりすることができません。これでは、ゴールと現在地が不明確なため、具体的な戦略を立てるのが難しくなります。

　また、組織風土の発生や変化のメカニズムが明確でない点も、この問題の取り扱いを難しくしている原因の一つです。組織風土は、個々の従業員の行動や価値観、さらにはその相互作用によって形成されるため、一度根付いた風土を変えるのは容易ではありません。例えば、「オープンなコミュニケーション」を目指す組織風土を掲げたとしても、現実にそれが実現するためには、日常の業務プロセスや上司と部下の関係、さらには評価制度まで見直さなければならないかもしれません。

　多岐にわたる要素が絡み合っているため、組織風土の変革には時間と努力、そして組織を挙げた取り組みが必要です。さらに、風土改革の試みが必ずしも成功するとは限りません。組織風土は組織のメンバーの価値観と紐づいているからです。上層部がいくら新しい価値観を押し付けようとしても、現場の従業員がそれを受け入れなければ効果は出ませんし、従業員の中にも必ず異なる価値観の衝突があるからです。

ここまで、コンプライアンス違反の原因を４つの象限に分けて解説してきました。注意していただきたいのは、コンプライアンス違反の原因の全てがこの４つの類型にきれいに分かれるわけではないということです。特に、大掛かりで複雑なコンプライアンス違反の場合、複数の象限にまたがる原因が絡み合っていることが通常です。

　他方で、この４象限の図は社外のステークホルダーにも原因分析と対応・予防策の関係を視覚的に伝えやすいというメリットがあります。例えば、社内だけでなく取引先や顧客に対して、不祥事の原因とその対応・予防策を説明する際にこの図を用いることで、企業の問題意識がどこにあり、どのような施策を取ろうとしているのかについて理解を得やすくなるでしょう。

　もう１つ指摘しておきたいのは、（３）個人のモラル／"常識"への囚われ、（４）組織風土といった非法律の問題への対応策が、ほとんどの企業で進んでいないという現状です。日本においては、コンプライアンスが法律問題として発展してきた歴史があります。今後は、非法律の問題の理解と対処のノウハウの発展に対する期待が高まっています。

第1章 コンプライアンスとは何か

4 一般的なコンプライアンス違反防止対策

　コンプライアンス違反の種類や原因について述べた後は、違反防止対策についてご紹介します。今日では各社様々なコンプライアンス違反対策を行っており、中にはちょっと変わった対策や、あっと驚くような目からウロコの対策などもありますが、本項では基本的な違反防止対策について見ていくことにしましょう。

（1）社内制度の整備

　コンプライアンスとリスク管理の分野で広く用いられている考え方として、IIA（一般社団法人日本内部監査協会）の3ラインモデルの考え方があります。これは、組織のガバナンスとリスクマネジメントの役割と責任を明確にするためのフレームワークで、組織における3つの異なる機能がお互いに協力して働くことを求めています。詳細な解説はIIAのWebサイトに譲るとして、ここでは簡単にその概要を解説します。

　第1のラインは、現業部門の経営層と当該部門の従業員です。彼らは日々の業務を通じてリスクを識別し、管理し、必要なコントロールを実施します。例えば、製造業では生産ラインの管理者が品質管理と安全対策を実施することが該当します。

　第2のラインは、リスク管理、コンプライアンス、法務、人事、財務などの間接部門です。これらの部門は、リスク管理体制の整備（リスクの特定、評価、監視、報告など）を行い、第1ラインの活動をサポートします。また、リスク管理のフレームワークやポリシーの策定、教育研修の提供なども行います。

　第3のラインは、内部監査部門です。内部監査は、組織の全体的なリスクマネジメントやコントロールプロセスの有効性を独立した視点から評価します。

内部監査の役割は、ガバナンス、リスク管理、およびコントロールのプロセスが効果的に機能していることを確認し、改善のための助言を提供することです。

IIAの3ラインモデル

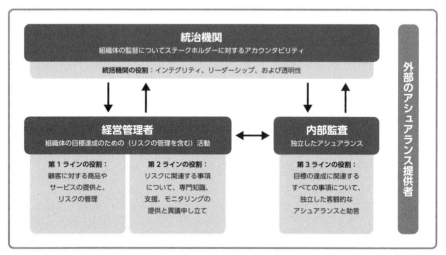

出典：一般社団法人日本内部監査協会「IIAの3ラインモデル　3つのディフェンスラインの改訂」より一部抜粋

　IIAの3ラインモデルは、組織のリスク管理とガバナンスを強化するための有効なフレームワークです。運営マネジメント、リスク管理とコンプライアンス、内部監査という3つのラインがそれぞれの役割を果たしながら連携することで、組織全体のリスク管理能力が向上します。

　日本の企業においても、このモデルを適用することで、包括的なリスク管理体制を構築し、健全な組織運営を実現することが期待されます。その上で、社内制度の具体例としては、

・業務プロセスの標準化：業務手順を標準化し、マニュアルやチェックリストを作成して遵守させる（第1、第2）。
・リスクアセスメントの実施：定期的にリスク評価を行い、リスクの識別、評価、管理を行い経営層に報告する（第1、第2）。

・リスクマネジメントポリシーの策定：組織全体のリスクマネジメントポリシーを策定し、リスク管理のフレームワークを提供する（第1、第2）。
・内部監査の実施：定期的に内部監査を実施し、リスク管理プロセスや内部統制の有効性を評価する（第3）。
　などが挙げられます。また、3ラインモデルではライン相互の協力関係も重視されており、
・コミュニケーションの促進：各ライン間で定期的な会議や情報共有を行い、リスク管理に関する情報を共有する。
・統合リスク管理システムの導入：リスク情報を一元管理するためのシステムを導入し、各ラインがリアルタイムでリスク情報にアクセスできるようにする。
・教育とトレーニングの強化：全社員を対象にリスク管理とコンプライアンスに関する教育プログラムを実施し、組織全体のリスク意識を高める。
　などを施策として取り入れている企業もあるようです。

（2）法律知識の拡充

　法律知識の拡充策として一般的なのは、弁護士や法務部門担当者による法律研修です。具体的には個人情報保護に関する研修、ハラスメントに関する研修、独占禁止法や下請法に関する研修、その他業界特有の法規制に関する研修などがあります。

　従来は対面研修が主流でしたが、最近ではオンライン研修や録画研修も増えています。また、資料を読みながら質問に回答するeラーニング形式も広がっています。これにより、場所や時間に制約されず、受講者は自分のペースで学習できます。以前は、法学部の授業のように法律の条文を解説し、裁判例などを淡々と紹介するものが主流でしたが、最近では受講者の興味を引くような様々な仕掛けを施した研修を行う講師や企業が増えています。そのほかにも、社内報等の社内発信の場で法令やそれに基づく手続の解説を行うことなどが法

律知識の拡充のための施策の代表例でしょう。

（3）個人や組織の意識改革

　個人や組織の意識改革についても、研修を通じた方法が一般的に行われています。多くの企業から依頼を受ける私の経験からも、各社がどのように取り組むべきか模索している現状が見受けられます。定まった型がないため、企業ごとに最適な方法を見つけることが求められています。

　意識改革の研修方法としては、他社の不祥事事例を紹介することがよく行われます。最近では有名な企業不祥事の調査報告書が公開されており、その企業がコンプライアンス違反行為に至る経過が詳細に記述されていることも少なくありません。こうしたリアルな事例をケーススタディとして用いるのは有効な手段といえるでしょう。

　他方で、この種のケーススタディをやっても思ったよりも効果が実感できないという声もあります。主な理由としては、話に興味を持ってもらえたが自社の事情とはあまりにも違うため、自社の意識改革に繋がりにくいというものがあるようです。そもそも、一般的なスクール形式の研修は意識改革の効果が上がりにくいという問題もあります。このため、受講者参加型のディスカッションやワークショップを導入することで、感情に訴えかける取り組みを行う企業も増えています。

　もっとも、個人の"常識"や組織風土は、個人や組織の成功体験や組織内の様々な相互作用によって長い時間かけて形作られるものであり、1時間や2時間、弁護士や社内講師の話を聞いただけでは劇的な変化をもたらすことはほとんど不可能です。このため、一過性の研修やワークショップだけでなく、継続的な施策を併用しながら時間をかけた取り組みを行う必要があります。

第 1 章 コンプライアンスとは何か

5 なぜ、コンプライアンス違反は無くならないのか

（1）従来型コンプライアンスの課題

①企業不祥事の発生件数

　これまで見てきたように、決まりを守るコンプライアンスという取り組みは長い年月をかけて進化し、今やほとんどの企業がコンプライアンスプログラムを導入するまでになりました。また、コンプライアンス違反のメカニズムについても数多くの優れた研究が蓄積されています。その背景には、外部調査委員会等による調査報告書が企業によって公開されることが増えたことに伴い、それまで企業内に秘匿され、一般社会に知られることが無かったコンプライアンス違反の実態や原因について広く知られるようになったことも一因でしょう。

　しかし、こうした取り組みがあるにもかかわらず、コンプライアンス違反が減ったかというと、必ずしもそうではなさそうです。例えば、パーソル総合研究所が 2023 年に発表した調査[注7]では、調査対象である全国の就業者 20 〜 69 歳の男女 46,465 人のうち、13.5% が不正に関与したことがあるか、見聞きしたことがあると回答したとされています。これは、単純計算をすれば 100 人の事業所であれば約 13 人が不正に関与したか見聞きした経験があることになり、決して少ないとは言えないでしょう。

注 7　パーソル総合研究所「企業の不正・不祥事に関する定量調査（2023 年）」(https://rc.persol-group.co.jp/thinktank/data/corporate-misconduct.html)

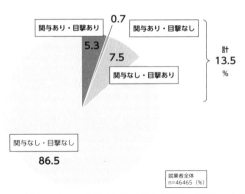

出典：パーソル総合研究所「企業の不正・不祥事に関する定量調査（2023年）」より一部抜粋

　また、第三者委員会ドットコム[注8]が公開しているデータによれば、上場会社において不祥事等の発生に伴って設置されたいわゆる第三者委員会等の外部調査委員会の数は、2012年は2件に過ぎませんでしたが、2015年頃から急増し、2020年代に入ってからは50〜60件、2023年には79件と過去最高の数になりました（2024年については7月末日までのデータ）。

上場企業による「第三者委員会」の設置件数の推移

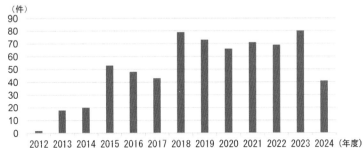

出典：「第三者委員会ドットコム」のデータをもとに筆者作成

　さらに、帝国データバンクの調査[注9]によれば、2023年度にコンプライアンス

注8　http://www.daisanshaiinkai.com/
注9　株式会社帝国データバンク「コンプライアンス違反企業の倒産動向調査（2023年度）」（https://www.tdb.co.jp/report/watching/press/p240410.html）

違反を原因として倒産した企業の数は、過去最高の351件に上ったといいます。

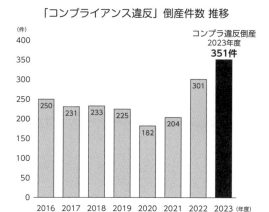

［注］負債1000万円以上の法的整理が対象
出典：株式会社帝国データバンク「コンプライアンス違反企業の倒産動向調査（2023年度）」より一部抜粋

　これらのデータは、依然として企業のコンプライアンス違反が減っていないことを推認させるのに十分な根拠となるでしょう。つまり、これだけコンプライアンス違反に対する理解が進み、その防止策が進化し企業への浸透が進んだにもかかわらず、目に見える成果が上がっていないというのが現実なのです。

② 4象限の分類法による課題の整理
　なぜ、多くの企業がコンプライアンス違反防止策を講じているのにもかかわらず、コンプライアンス違反が無くならないのでしょうか。私の元に寄せられたコンプライアンスに従事する人々の意見を基に、先に述べた4象限の分類法を用いて、従来型のコンプライアンスの課題を整理してみましょう。
　まず、制度不備に関しては、以下のような意見が多く聞かれます。
・コンプライアンスの社内手続が複雑・煩雑で、業務の現実に即していない、または効果的に運用されていない。
・形式的には制度を整えたが、実際の運用が伴っていない。制度は存在するが

その中身を知らない人が多い。

・人手が足りず、日常的な業務の監視や報告の仕組みまで手が回らない状態。

　制度不備についてよく指摘されるのは、時間と労力をかけて整えた制度が適切に運用されていないという点です。例えば、ガイドラインやハンドブックが作成されても、社内でほとんど利用されないか、その存在すら知られていないという意見や、手続が複雑で業務の実態と噛み合っていないという意見もよく聞かれます。現場の実情に合わないコンプライアンス違反防止策は、どんなに素晴らしい内容であっても反発や無視が起こりがちです。制度の作り手は、法令やガイドラインに準拠するといった形式面だけではなく、自分たちの組織の業務がどうなっているのかという実質面にも配慮しながら入念に制度を設計する必要がありそうです。

　また、完璧な制度を作ろうとしたが故に、逆にコンプライアンス違反を誘発してしまうという「完璧なルールのパラドックス」とも言うべき問題もあります。この問題は、金融機関や地方公共団体など、生真面目で緻密な業務を行っている組織で起こりがちです。例えば、膨大な労力をかけて詳細な実務手順書を作成したが、その長さと複雑さから実際にはほとんど参照されず、さらに人手不足で最新の情報が更新されないため、完成後わずか数年で実質的に役立たずになってしまったという失敗談も時々聞かれます。「完璧なルールのパラドックス」は、制度設計が理想的であるために、方針変更の理由を説明することが困難になるという問題があります。一度追求した理想を放棄し、妥協案を提案することになるので「もっと努力すべきだ」と反論されるわけです。

　こうした声に共通しているのは制度作成面の不備というよりは運用面での問題が多く指摘されているという点でしょう。そして、一定の水準のコンプライアンス違反防止のための制度を備えた企業において、制度の運用面に課題があったために不正が発生するというのは、著名なコンプライアンス違反事件でもたびたび指摘されています。次に、法令知識の不足について代表的なものは、以下のような意見です。

・現場の従業員が日常の業務に追われており、法令や企業内規則に関する知識

第1章
コンプライアンスとは何か

を習得する時間が取れない。

・法令が頻繁に改正される中で、最新の情報を把握し適切に対応することが難しい。どの法律にどこまで対応すればいいのかわからない。

・そもそも、何故そのような社内規則やガイドラインが存在するのか知らない人が多い。

　法令知識については、対応すべき法令の数が多すぎてアップデートが追いつかない、何をどこまで対応すればいいのかわからなくなっているという課題を感じている企業が多いように感じられます。経済活動の複雑化に伴って、企業が遵守すべき法令の数は飛躍的に増えました。こうした守るべき法令の増加・複雑化に知識が追いついていかないことで、知識不足によるコンプライアンス違反が発生することがあります。法令違反に対する社会的批判が強まっていることも相まって、このような課題を感じる企業は増えています。

　もっとも、こうした「法令を知っているか、知らないか」という問題に対しては、弁護士のような外部専門家に依頼して整理をしたり、法令情報のオンラインデータベースや、改正情報の通知サービスなどの新しいサービスを活用することで解決を図ることが多いです。「法令を知らなかった」では済まされない以上、費用をかけて整理された情報を購入することが最もシンプルで効果的な解決策だと言えます。

　あまり話題にはなりませんが、より深刻なのは社内ルールの知識不足です。これは制度不備のところでも述べたように、社内ルールを整備しているにもかかわらず、その周知が不十分であることが原因でコンプライアンス違反が起こるというものです。

　特に、社内ルール特有の問題として、何か事件が起こるたびに社内ルールを書き足していった結果、ルール間の相互矛盾が発生したり、なぜ、そのルールが存在するのか誰も知らない「謎ルール」が増えてしまい、それによって社内ルール全体に対する信頼度が下がってしまったというケースがあります。「謎ルール」は導入理由が不明なために廃止理由を説明することができない、ルールを廃止した後に問題が起こったら責任問題になるかもしれないという恐れか

33

ら、結果としていつまでも残り続けることがあるというのも厄介です。

　知識不足の問題の根底にあるのは、膨大な知識を適切に選び取るための指針の欠如や、法令知識の業務における意味付けの希薄化の問題です。法令知識に振り回された結果、問題を未然に防いだり、より良い企業活動を進めるための道具に過ぎないという法令やルールの本来の意味を見失い、法令やルールに従うこと自体が目的化してしまっているとも言えるでしょう。次に、個人のモラルや、"常識"への囚われについては、特に経営層や管理職に対する意見が目立ちます。

・経営層は短期の利益を最優先に考えているようであり、コンプライアンスに対する理解が無い。

・現業部門の管理職は「ルールを守るよりも成果を上げる方が重要」という考え方に支配されている。

・古い考え方の上司が多く、自分たちは大丈夫という根拠のない自信がある。

　個人のモラル／"常識"への囚われについては、経営層や管理職の古い価値観がコンプライアンス違反のリスクを高めている、という指摘がなされることが非常に多いです。私自身も、コンプライアンス違反防止策立案の仕事の中で、経営層の売上至上主義でルールを破ることを厭わない姿勢や、管理職のいわゆる「昭和的な」思考で法令違反リスクを理解していない言動に関する懸念に数多く接してきました。例えば、厳しい詰問と叱責によって育てられた管理職が、同様の手段を用いて部下を育成したことがパワハラ問題になってしまうといった直接的な例だけでなく、コンプライアンス部門の予算や人事権を握っている経営層や管理職が、コンプライアンス部門が必要と考える予算や人員を配分してくれないといった間接的な例も数多く指摘されています。コンプライアンス違反事件の調査報告書やそれに関する報道等でもこうしたいわゆる「昭和世代」のモラルや"常識"は時代遅れであり、世間一般には、経営層や管理職の価値観がコンプライアンス違反の主要因であるという意見を目にすることが増えてきました。

　しかし、個人のモラル／"常識"への囚われの問題は、このような「令和か

第 1 章
コンプライアンスとは何か

昭和か」「売上重視か法令重視か」という二者択一的な問題なのでしょうか。すなわち、昭和的な考えや売上重視の考えを否定することが、コンプライアンスを成功に導き、ブランド価値の向上に繋がるのでしょうか。厳しい詰問と叱責による「昭和的」な育成方法は、今日では多くの若者から反発を招き効果が薄いことは事実でしょう。しかし、わずかなミスが人命に直結するような仕事においては、厳しい詰問と叱責による教育が必要である場合もあるかもしれません。

　また、営利企業が売り上げを重視するのはある意味で当たり前のことです。もし、経営層が「明日から全ての商品を売るのを止めよう」と言い出したら企業経営は立ち行かなくなってしまいます。つまり、個人のモラル／"常識"への囚われの問題は、コンプライアンス部門が掲げる「法律的な正しさ」を一方的に押し通すだけで解決する問題ではないのです。

　この点について、立命館大学経営学部准教授で経営学者の中原翔は著書において、自動車メーカーの燃費不正問題を例に挙げ、問題の本質は国土交通省や経済産業省が指定していた燃費基準と、自動車メーカーの採用していた欧米向けの測定方法は、それぞれが「正しさ」を追求した結果であることを指摘するとともに、一方的に企業を批判するだけではなく、両者の正しさの差異がどのように生じたのかを明らかにする必要があることを示唆しています。[注10]

　また、経営学者のウェンディ・スミスとマリアンヌ・ルイスも、共著書において、「AかBか」という択一思考には、一方を過大評価し他方を無視することで、短期的には成功し、安心感・尊敬・褒賞・効率・喜びを得られるが、長期的には行き詰ってしまう、選択したやり方を使い過ぎてしまう、それによってさらなる問題を引き起こしてしまう、相手陣営に脅かされていると感じ頑なになってしまうなどの弊害があることを指摘し、「AもBも」という両立思考の有効性を説いています。[注11]

注 10　中原翔著『組織不正はいつも正しい―ソーシャル・アバランチを防ぐには』（光文新書、2024 年）
注 11　ウェンディ・スミス／マリアンヌ・ルイス著、関口倫紀／落合文四郎／中村俊介監訳、二

この問題の解決には、経営層や管理職がコンプライアンス違反のリスクを理解し、適切な行動をとるための教育を行うだけでなく、コンプライアンス部門を含む組織全体が、組織の内外に存在する多様な価値観や視点（正しさ）について理解を深め、それらを等しく尊重しながら複数の正しさを両立させていくというアプローチが必要になります。しかしながら現実には、特定のモラルや"常識"を批判し、コンプライアンス部門が主張する正しさを押し通すという狭い視野に囚われているように思われます。

　組織風土についても、特に上司部下の関係において問題視をする声が多く聞かれています。

・問題を指摘しづらい組織風土がある。事なかれ主義なので声を上げると悪目立ちしてしまう。

・上意下達の風土であり、利益重視の上の方針に対して意見を言うことができない。

・多くの人は他人に無関心で、自身が問題に巻き込まれなければよいと考えている節がある。

　組織風土は、企業や団体の文化や雰囲気を指す重要な要素です。他方で、「組織風土に問題がある」と考えている企業であっても、何がどう問題なのかが可視化されていないことも少なくありません。そもそも、コンプライアンスの世界では「組織風土」とは何で、それがどのようにコンプライアンス違反と結びついていくのか、そのメカニズム自体の理解が進んでいないようにも感じられます。

　組織風土については、アメリカの心理学者であるエドガー・シャインの著[注12]書が参考になります。シャインは、組織文化を「文物（人工物）」「標榜され

木夢子訳『両立思考―「二者択一」の思考を手放し、多様な価値を実現するパラドキシカルリーダーシップ』（日本能率協会マネジメントセンター、2023年）

注12　エドガー・シャイン著、梅津祐良／横山哲夫訳『組織文化とリーダーシップ』（白桃書房、2012年）

第1章
コンプライアンスとは何か

ている価値観」「背後に潜む基本的仮定」の三層に分けて説明しています。[注13]

組織文化	説明
文物（人工物）	組織の目に見える部分であり、物理的な環境、ドレスコード、オフィスのレイアウトなどが含まれます。これらは表面的には観察できる要素ですが、その背後にある価値観や信念を理解するためには、さらに深く掘り下げる必要があります。
標榜されている価値観	組織が公式に主張する価値観や信念です。これには、経営理念、ミッション、ビジョン、バリューなどが含まれます。しかし、これらの価値観が実際の行動に反映されているかどうかは別問題であり、時には矛盾が生じることもあります。
背後に潜む基本的仮定	組織のメンバーが無意識に真実とみなしている信念や価値観です。これらは通常、口にされることがなく、変更も困難です。これらの前提は、組織の成功や失敗から学んだ教訓に基づいて形成され、時間をかけて強化されます。

　シャインは、組織文化の形成プロセスについて、リーダーの役割が極めて重要であると指摘しています。組織のリーダーは、判断や対応、評価の仕方を通じて文化を形成し、それが明文化され、組織内で共有されることで文化が浸透していきます。さらに、組織が成功体験を重ねることで、文化はさらに強化され、メンバーに確信を与えます。シャインの組織文化モデルは、文化を理解し管理するための強力なフレームワークを提供しており、多くの企業や研究者に利用されています。

　また、社会学者のドナルド・パルマーなどによる企業不正における最近の研究では、不正に関与するのは特別な悪人ではなく、ごく一般的なメンバーであること、不正の発生には個々のメンバーの無関心や倫理的無関心が影響していること、特に、組織内の文化や環境が不正行為を黙認するか奨励する場合、個々のメンバーが不正行為に対して無関心になる傾向が強まるという指摘がなされています。

　このように、組織風土や組織文化に関する研究は進んでいるもののコンプラ

注13　なお、組織風土と組織文化は意識的なものか無意識的なものか等の基準によって、厳密に使い分けがされることもありますが、本書ではまとめて組織風土と呼ぶことにします。

イアンスの世界における応用は未だ発展途上なところがあります。組織風土については、経営層だけでなく一般の従業員について問題意識を持っているコンプライアンス担当者もいます。例えば、自身の仕事に対しては真面目だが、他者の仕事に関心が無い人が多いので問題が起こったときに不安があるといった相談です。

　組織風土は経営トップだけが作るものではなく、企業の姿勢や考え方をメンバーが実践することで育まれます。メンバーの小さな言動の積み重ねで醸成されるため、従業員もまた組織風土醸成の担い手です。一般に、組織のメンバーは組織の姿勢だけでなく周囲のメンバーの言動に影響を受けます。例えば、上に意見をすることが憚られる組織風土は、単に経営層の姿勢だけでなく、意見を言うことを差し控えるように言う人、意見を言いにくそうにしている人、意見を言っている場面で居心地が悪そうにしている人など、小さな言動が積み重なって組織風土が醸成されていきます。

　このため、組織風土の問題を全て経営層に帰責させるのではなくコンプライアンス部門を含む組織のメンバーがそれぞれ自分ごととして捉え直すことが必要になります。そのためには、現場が主体的に関与することが重要です。組織風土改革の方法は大きく分けてトップダウン型とボトムアップ型がありますが、近年ではボトムアップ型や、トップダウン型であっても現場との丁寧な対話を進め社員の改革の意思を引き出し、現場主体で進める方法が注目されています。

　品質不正事件がきっかけとなって発足した三菱電機の全社変革プロジェクト「チーム創生」や粉飾決算によって失った信頼を取り戻すためのオリンパスの組織風土改革はコンプライアンスの分野で特に有名です。しかしながら、コンプライアンス違反が起こった企業はともかく、特に大きな問題が発生していない企業にとって、コンプライアンスのための組織風土改革は、経済的な利益との繋がりが見えにくく、経営者や組織が積極的に取り組みにくいのが現状です。

　ここで注目したいのは、組織風土改革は、むしろコンプライアンス以外の課題意識から発足することの方が多いという点です。有名なものとしてはマイク

ロソフトの CEO であるサティア・ナデラによる同社の風土改革プロジェクトや富士ゼロックスの Virtual Hollywood® Platform、村田製作所の組織風土改革委員会など、多くの企業が組織風土改革によって生産性やイノベーション効率を高めることに成功しています。

　つまり、組織風土改革を単なるコンプライアンスのためのプロジェクトではなく、組織の生産性やイノベーション効率の向上のためのプロジェクトと位置付けるか、あるいは主たる目的がコンプライアンス意識の向上であっても組織の経済的利益の向上にも併せて資するような取り組みとすることがむしろ自然だと言えるでしょう。そして、そういった性格の組織風土改革は、経営者や組織が積極的に取り組みやすいものです。組織風土の問題には、コンプライアンス部門の活躍できる伸びしろがたくさん残されているのです。

（2）コンプライアンスは進化の岐路に立たされている

①コンプライアンスにかかる「淘汰圧」

　ダーウィンの進化論では、生物に進化を促す環境要因や条件のことを「淘汰圧（Selection Pressure）」と呼びます。コンプライアンス活動は、長い時間をかけて日本企業と日本社会に浸透してきました。しかしながら、企業によるコンプライアンス違反は減少する気配はなく、逆に従来型コンプライアンスの課題点が次々と浮き彫りになっています。パーパス経営、ESG 投資など企業経営におけるコンプライアンスの位置づけに影響を与える環境要因、人事や組織開発など法律以外の分野との合流など、コンプライアンスに対する期待と「淘汰圧」はかつてないほど高まっています。つまり、コンプライアンスは進化の岐路に立たされているのです。

　ここで、コンプライアンスにかかっている「淘汰圧」について、今一度整理しておきましょう。アメリカの犯罪学者ドナルド・クレッシーと、会計士・会計学者の W・スティーブ・アルブレヒトによる「不正のトライアングル」を真似て、「不正防止の負のトライアングル」として整理してみようと思います。

その前に、「不正のトライアングル」についても少し説明します。不正のトライアングルは、企業内で不正行為が発生する要因を「動機」「機会」「正当化」の3つの要素で説明するためのモデルです。

要素	説明	具体例
動機	不正を行うための内的な理由やプレッシャー	経済的な困窮（例：家計が苦しい）、職場でのストレス（例：上司からの圧力）、業績プレッシャー（例：売上目標の達成が困難）
機会	不正を実行できる状況や手段が存在すること	内部統制の欠如（例：経理担当者が監査を受けずに会計処理を行える）、監視の不備（例：定期的なチェックが行われていない）
正当化	不正行為を自己弁護する心理的なプロセス	少額の金額なら問題ないという考え（例：「このくらいの金額なら会社に損害はない」）、自分は報酬を得る権利があるという感覚（例：「自分はこんなに努力しているのだから」）

これら3つの要素が揃ったとき、不正行為が発生しやすくなる、というのが不正のトライアングルの理論です。企業はこの理論を理解し、各要素に対する対策を講じることで、不正の発生を未然に防ぐことができるとされています。具体的には、従業員の動機を健全に保つための支援制度、厳格な内部統制の実施、不正行為を許さない企業文化の醸成などです。不正のトライアングルはシンプルで使いやすいモデルで、日本のコンプライアンス実務でも人気が高いモデルです。

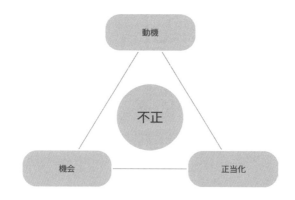

第1章
コンプライアンスとは何か

　「不正防止の負のトライアングル」は、不正のトライアングルの3要素である動機、機会、正当化の3つの視点で、コンプライアンスが抱える課題＝淘汰圧を整理するものです。

・1つ目の課題：「動機の不在」

　最初の課題は「動機の不在」です。これはコンプライアンスに積極的に取り組むべき理由や動機を見出せないという課題です。例えば、制度の存在理由が忘れられてしまうという課題に対して法令知識の取得とアップデートの優先順位をつけるためには、コンプライアンスの目的や動機に基づく視点が必要です。経営層をはじめとする組織のメンバーがコンプライアンスを自分ごとと感じて積極的に取り組むことができないのも、動機の不在が原因と言えるでしょう。

　動機の不在においては、企業や組織の目的との整合性、とりわけ経済的利益の追求との整合性が重要です。組織も個人も「法令やルールを守りたいから」存在しているわけではありません。それぞれの目的（パーパスやミッション）を達成するための手段として、法令やルールが存在するに過ぎないのです。したがって、「法律やルールを守ること」自体を目的とするコンプライアンス、ではなくパーパスやミッションに紐づいたコンプライアンスの目的を設定し、組織や個人から前向きな動機を引き出す必要があります。

・2つ目の課題：「機会の不在」

　次の課題は「機会の不在」です。これは、コンプライアンスについて考える機会や時間の不足に関する課題です。制度不備や知識不足の項目で触れたような、日常業務が忙しく、基礎的な知識を習得する時間が不足しているという課題や、研修の効果が思うように上がらないといった問題もここに含まれます。

　機会の不在については、特に「コンプライアンスについて考える」という機会の頻度と質が重要です。日常業務に追われ、コンプライアンスを意識する余裕すら持てない、研修は形式的で実践的な学びが得られないといった状況では、コンプライアンスの実現は不可能です。日常の業務遂行の中でコンプライアンスについてポジティブな形で意識できるような仕組み作りや、コンプライアンスについて考える貴重な機会である研修の体験価値を向上させていくことが必

41

要です。

・3つ目の課題：「正当化の不在＝不当化」

　最後の課題は「正当化の不在＝不当化」です。コンプライアンスが、事業で利益を得るためには役立たないという決めつけや先入観です。

　日本においてコンプライアンスは長らく「法律問題」として取り扱われてきました。このため、コンプライアンスと経済的利益の追求は一線を画すもの、場合によっては対立的に捉えられることも少なくありません。しかし、特に営利企業にとって経済的利益の追求は重要な目的の一つであり、コンプライアンスもまた企業活動の一部である以上、経済的利益の追求との調和を図る必要があります。

　すなわち「利益か法令遵守か」という二者択一的思考から、「利益も法令遵守も」という両立思考に転換し、経済的利益を含む企業の幅広い"利益"に貢献するという発想の転換が必要です。

②コンプライアンス進化のベクトル

　以上を踏まえ、私はコンプライアンスには2つの進化のベクトルがあると考えています。

　1つ目のベクトルは、コンプライアンスの捉え方を法律問題から経営問題に近づけていくベクトルです。マインドセットはもちろんのこと、実際の企業経営においても法務部門に兼務させるのではなく、独立した部門を創設するとか、人事部門や経営企画部門と連携させることにより、多角的な視点での取り組みを促すということも考えられます。コンプライアンス部門の運営レベルでは、部門内に法律以外の分野の知見を有するメンバーを迎え入れたり、そうした知見を深めるような教育プログラムを施すなどの施策や、他部門との積極的な連携、社外のコミュニティ[注14]との繋がりを推奨し、組織文化や組織開発、心理学

注14　なお、筆者が参加しているコミュニティに、コンプライアンスに関わる全ての人が実践知を交換する日本コンプライアンストランスフォーメーション協会があります。ご興味がある方は以下のサイトを参照いただければ幸いです（http://www.jcxas.com）。

第1章
コンプライアンスとは何か

からクリエイティブに至るまで、法律的思考だけに囚われない柔軟なアイデア
が生まれることでしょう。

　たしかに法令遵守はコンプライアンスの重要な要素であり、法律問題として
の側面を含むことは間違いありません。しかしながら、これまで見てきたよう
にコンプライアンスには組織の運営や風土といった法律以外の側面＝非法律的
側面を含むことがわかってきています。そして、最近では特にその非法律的側
面への注目が高まっており、こうした進化の方向性は必要不可欠でしょう。

　もう1つのベクトルは、コンプライアンスを戦略的にマネジメントしていく
というものです。多くの企業にとってコンプライアンスは単なる法令遵守のた
めのコストでした。しかし、コンプライアンスが経営問題に近づくことに伴い、
コンプライアンスによってもたらされる企業の利益とは何か、その利益の獲得
のためにはどこにどれだけの投資を行い、リソースを配分するかという戦略的
なマネジメントが不可欠になります。それに伴って、コンプライアンス部門や
個人のレベルでも、自らの部門や業務が企業や組織のコンプライアンス戦略上
どのような位置づけになるのかを自覚し、意識的に仕事をすることが求められ
ます。つまり、コンプライアンス部門はコスト部門から戦略部門へと衣替えし
ていくのです。

③コンプライアンスとブランド戦略

　コンプライアンスを経営問題として考え、戦略的にマネジメントする。しか
も、経営層がコンプライアンスの戦略を立てる指針として違和感なく利用でき
るもので、コンプライアンス部門を含む一般従業員の日々の業務の指針となる
もの。そんなコンプライアンスの進化の一つの形として本書が提唱するのが、
「ブランド戦略としてのコンプライアンス」です。具体的には、企業の経営戦
略の根幹をなすブランド戦略とコンプライアンスを統合することで、コンプラ
イアンスを進化させるという考え方です。

　次章からは、その具体的な内容について解説します。

第 2 章

ブランド戦略と
コンプライアンスの統合

1　ブランド戦略とは

（1）ブランドの定義と歴史

　第1章では、コンプライアンスの歴史と現代におけるコンプライアンスの課題、そしてコンプライアンス進化のための淘汰圧について話をしてきました。

　本章では、コンプライアンスの進化形態の1つとしてコンプライアンスとブランド戦略の統合について話を進めていきます。その前に、少しだけブランドについて解説をしておきます。

　「ブランド」はコンプライアンスと同様、多義的に用いられる概念です。ブランド論でいう「ブランド」とは、消費者が特定の製品やサービスに対して抱く総合的な印象や感情を指します。ブランドはロゴ、名前、デザイン、シンボル、スローガンなどの視覚的・聴覚的な要素を通じて認識されますが、これらは単なる一部に過ぎません。ブランドは製品やサービスの質、信頼性、企業の社会的責任、消費者との関係性など、多くの要因によって形成されます。学術的には、ブランドは「企業や製品が他の競争相手と区別されるための特定の属性の集合」[注1]や、「らしさ」[注2]などと定義されます。私は「想いや強みが"カタチ"になったもの」であるという説明をよく使います。

　組織はそれぞれ実現したい理念や想い、社会に提供できる独自の価値＝強みを有しています。しかし、それらはそのままでは目で見たり触れたりできない抽象的なもの＝暗黙知のままです。同じ組織で働き、同じ時間と場を長期にわ

注1　デービッド・アーカー著、阿久津聡訳『ブランド論―無形の差別化を作る20の基本原則』（ダイヤモンド社、2014年）
注2　日本ブランド経営学会「日本ブランド経営宣言」8頁（https://brandthinking.net/wp-content/uploads/2019/09/日本ブランド経営宣言.pdf）

たって共有しているメンバー同士であれば、言葉にせずとも（＝暗黙知のまま）組織の理念や強みを共有することもできますが、より多くの人々、特に組織外のステークホルダーと共有するには言語化や、デザインによって暗黙知としての理念や強みを五感で知覚できるものに変換する（暗黙知を形式知へと表出化させる）必要があります。

　これに対し、「ブランディング」とはブランドを作る一連の行為を言います。マーケティングの分野からは、ブランディングの目的は、消費者に対して一貫したメッセージを伝え、ブランドに対するポジティブな認識を形成することであり、広告キャンペーン、PR活動、パッケージデザイン、顧客サービスの向上などが含まれるとされることもあります。学術的には、ブランディングは「企業が自社のブランドを消費者に対して位置付け、差別化を図るための戦略的なプロセス」とされています。しかし、日本ブランド経営学会ではブランディングは単なるマーケティング施策ではなく、より経営（個人の場合は生き方）そのものに近いものであるとしています。本書でも、このような考え方を採用し「理念や強みを"カタチ"していく一連の行為」であると定義したいと思います。

　最後に、本書のタイトルにもなっている「ブランド戦略」についてもはっきりさせておきましょう。ブランド戦略にも様々な定義がありますが、本書では組織や個人がその目的（パーパス）を達成するために、どのようなリソースを使い、どのようなプロセスでブランディングを行っていくかに関する計画や指針であると定義したいと思います。より端的に言えば、ブランド戦略とは「ブランディングの計画」のことです。

> ・理念（想い）や強みが"カタチ"になったもの＝ブランド
> ・理念（想い）や強みを"カタチ"にしていく行為＝ブランディング
> ・ブランディングの計画＝ブランド戦略

注3　Keller, K.L. (1993) Conceptualizing, Measuring, and Managing Customer-Based Brand Equity. Journal of Marketing.
注4　日本ブランド経営学会・前掲「日本ブランド経営宣言」2頁

ここで、ブランドの歴史についても少し触れておきましょう。

　ブランドの概念は古代にまで遡ると言われています。ブランド＝brandの語は、古英語の「brand」または「brandr」に由来し、これは「焼き印を押す」「焼く」という意味を持っています。元々は、家畜に所有者の識別を示すための焼き印を押す行為を指していました。これは、家畜が他の所有者によって盗まれたり、迷子になったりした際に、その所有者を識別するための方法でした。

　古代エジプトでは、職人が自分の製品にサインやシンボルを付けていたことが知られています。また、ローマ帝国時代には、陶器や金属製品にメーカーの刻印が押されていました。中世ヨーロッパでは、ギルド制度の下で品質保証のためにブランドが使用されるようになりました。

　近代的なブランドの概念は19世紀後半の産業革命期に確立されました。この時期、製品の大量生産と市場の拡大に伴い、企業は他社製品との差別化を図るためにブランドを使用し始めました。特に、包装技術の進歩と広告の発展がブランドの普及を促進しました。例えば、アメリカの消費財メーカーであるP&Gは、1882年に「アイボリー・ソープ」を市場に投入し、そのユニークな特性を強調することで大成功を収めました。

　20世紀に入り、ブランドはさらに進化を遂げました。企業は単に製品の品質をアピールするだけでなく、消費者のライフスタイルや価値観に訴えるようになりました。例えば、コカ・コーラは単なる飲料としてではなく、楽しさや友情を象徴するブランドとして位置付けられました。

　21世紀に入り、デジタル技術の発展によりブランディングの手法も大きく変わりました。インターネットとSNSの普及により、企業は消費者と直接対話し、リアルタイムでフィードバックを受けることが可能になりました。また、ブランドに化体される「価値」も、単なる出所表示や品質保証や企業が提供する価値の枠を超え、ESGやSDGsに代表される社会的責任や倫理的責任にまで広がっています。

　このような背景から、現代のブランディングは、単なる製品やサービスのプロモーションに留まらず、企業の価値観やミッションを消費者に伝える重要な

第2章
ブランド戦略とコンプライアンスの統合

役割を果たしていると言えるでしょう。

（2）ブランド・エクイティとブランド価値の 金銭的評価

　企業経営とブランドとの関係における大きな転換点は、デービッド・アーカーが著書で提唱した「ブランド・エクイティ」モデルでしょう。このモデルは、金融資産や商品、生産設備と異なり目に見えない価値であるブランドに資産としての価値を認め、これを戦略的にマネジメントすることを可能にするフレームワークです。

　アーカーのブランド・エクイティモデルは、以下の５つの主要な要素で構成されています。

・ブランド認知：消費者が特定のブランドをどれだけ認識しているかを示します。高い認知度は、ブランドが消費者の選択肢に入る可能性を高めます。

・ブランドロイヤルティ：消費者がブランドに対して示す忠誠度を指します。高いロイヤルティは、顧客のリピート購入やブランド推奨を促進します。

・知覚品質：消費者がブランドの製品やサービスの品質をどのように評価しているかを測定します。高い知覚品質は、ブランドに対する信頼と満足度を高めます。

・ブランド連想：消費者がブランドに関連付けるイメージや感情を指します。ポジティブな連想は、ブランドの価値を高め、消費者の購買意欲を刺激します。

・その他の専有資産：特許、著作権、商標などの無形資産を含みます。これらの資産は、ブランドの独自性と競争優位性を維持するのに役立ちます。

　ブランド・エクイティの考え方の広がりによって、目に見えないブランドを経済的価値として数字で把握することが可能になり、ブランドは本当の意味で

注５　デービッド・アーカー著、陶山計介・尾崎久仁博・小林哲（訳）『ブランド・エクイティ戦略：競争優位をつくりだす名前、シンボル、スローガン』（ダイヤモンド社、1994年）

企業の経営の一部になったといえます。ブランド価値の金銭的評価では、世界最大のブランディングファームである Interbrand の Brand Valuation が有名です。Interbrand は、1980 年代にブランド価値評価のパイオニアとしての活動を開始しました。

　彼らの評価方法は、ブランドの財務的パフォーマンス、購買決定におけるブランドの役割、競争力のあるブランドの強さを分析することに基づいています。

・財務分析：ブランド製品やサービスの財務パフォーマンスを測定し、経済的利益を算出します。これには、税引後の営業利益から資本コストを差し引いた経済的利益が含まれます。

・ブランドの役割：ブランドが購入決定に与える影響を評価します。これは、マーケットリサーチ、同業他社とのベンチマーク、専門家の評価パネルによる評価など、複数の方法で測定されます。

・ブランド強度：ブランドのロイヤルティを創出し、持続可能な需要と利益を生み出す能力を評価します。これは、10 の要因（方向性、共感、アジリティなど）に基づいて評価されます。

　Brand Valuation は、ブランド価値の金銭的評価方法として世界で初めて ISO（国際標準化機構）によって世界標準の評価方法として認められました。[注6] Interbrand は、顧客のブランド構築を支援するブランディングファームとして活動するほか、Brand Valuation を用いてグローバルブランドの価値を評価したブランドランキングである "Best Global Brands" や、日本ブランドの "Best Japan Brands" などのランキングレポートを公表しています。

　Best Japan Brands のレポートとコンプライアンス違反の関係を少し見てみましょう。2023 年は多くの企業不祥事が報道された年でした。その中でも印象に残っているのが、損害保険業界における 2 つの大きなコンプライアンス違反事件（ビッグモーター事件、損害保険料カルテル事件）でしょう。

....
注 6　Brand Valuation の詳細については Interbrand Official Site（https://interbrand.com/）を参考に作成。

第2章
ブランド戦略とコンプライアンスの統合

　ビッグモーター事件は、中古車販売大手のビッグモーターによる保険料水増し請求事件を含む一連のコンプライアンス違反事件です。報道等によれば、ビッグモーターの従業員は車両の修理や整備に関する費用を実際よりも過大に申告し、保険会社に対して不正な請求を行っていたとされます。金融庁は、損保ジャパンおよび SOMPO ホールディングスがビッグモーターの不正行為を見逃していたことを問題視し、両社に対し業務改善命令を行っています[注7]。

　企業向け保険の保険料カルテル事件は、あいおいニッセイ同和損害保険、損害保険ジャパン、東京海上日動火災保険および三井住友海上火災保険の4社が、企業向け保険の価格や契約条件を事前に調整し、競争を排除していたという事件です。金融庁はこの事件についても調査を行い、これらの行為は、保険市場の健全な競争を妨げる独占禁止法違反またはその疑いがある行為であることを主な理由として、業務改善命令を発出しています。金融庁は、併せて各社の内部管理体制の不備や、コンプライアンス教育の不足も指摘しています[注8]。

　これらのコンプライアンス違反事件の当事者となった各損害保険会社のブランド価値について、Interbrand Japan が発表した「Best Japan Brands 2024」[注9]を参照してみると、損保ジャパン（SOMPO ホールディングス）のブランド価値は、7.1 億ドルから、6.25 億ドルへ前年比－12% の下落となっています[注10]。SOMPO ホールディングスのブランド価値は 2017 年の 3.7 億ドルから6年間にわたり右肩上がりの急成長を遂げていたことからすると、今回の下落幅には上記の事件が影響していることが推察されます。

注7　金融庁「損害保険ジャパン及びＳＯＭＰＯホールディングスに対する行政処分について」(https://www.fsa.go.jp/news/r５/hoken/20240125/20240125.html)
注8　金融庁「大手損害保険会社に対する行政処分について」(https://www.fsa.go.jp/news/r５/hoken/20231226/20231226.html)
注9　Interbrand Japan「ブランドランキング」(https://www.interbrandjapan.com/best_japan_brands/)
注10　Interbrand Japan「2024 Brand Value Chart Sompo Holdings」(https://www.interbrandjapan.com/brandranking/2024-brand-value-chart-sompo-holdings/)

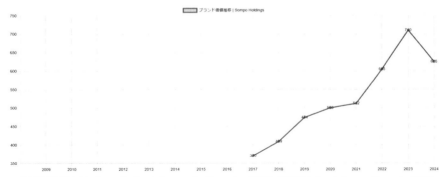

※ 2017-2019 年は Japan's Best Domestic Brands、2020 年以降は Best Japan Brands にランクイン
出典：Interbrand Japan「2024 Brand Value Chart Sompo Holdings」より一部抜粋

　その他の損害保険会社のブランド価値を見てみると、カルテル事件への関与によって業務改善命令を受けることとなった東京海上日動は 22.89 億ドルから 22.41 億ドルへ前年比－ 2 ％の下落となりました。同社も 2021 年を除けばずっと右肩上がりの成長を続けていましたが、2024 年度は下落に転じてしまいました。[注11]

　このほかにも、例えば三菱電機、かんぽ生命保険、オリンパスなどの企業では、それぞれコンプライアンス違反事件が大きく報道された年にはブランド価値が下落しています。中には、数年間をかけてブランド価値が半分以下にまで下落してしまった企業も存在します。

　なお、Brand Valuation の評価基準は上記の通り多岐にわたっていますので、ブランド価値の下落は必ずしもコンプライアンス違反だけに起因するものではありません。例えば、日野自動車、ダイハツ、豊田自動織機とグループ会社で相次いで認証不正等が発覚したトヨタのブランド価値は、2023 年度の 597.57 億ドルから、645.04 億ドルへ前年比 8 ％のプラスでした。[注12]

注 11　Interbrand Japan「2024 Brand Value Chart Tokio Marine」(https://www.interbrandjapan.com/brandranking/2024-brand-value-chart-tokio-marine/)
注 12　Interbrand Japan「2024 Brand Value Chart Toyota」(https://www.interbrandjapan.com/brandranking/2024-brand-value-chart-toyota/)

第2章
ブランド戦略とコンプライアンスの統合

これはグループのコンプライアンス違反事件があってもなおブランドの成長を示す他の指標が強力であった（なお、トヨタは長年 Best Japan Brands でブランド価値1位の企業です）、そもそもそのコンプライアンス違反はブランド価値を棄損するものではないなど、様々な理由が考えられ、具体的な因果関係ついての証明は今後の研究を待つ必要があります。しかしながら、複数の企業においてコンプライアンス違反事件の発覚後、ブランド価値が下落していることは事実なのです。

（3）本書における「戦略」の定義

最後に「戦略」についても確認しておきましょう。「戦略」はコンプライアンスやブランド以上に様々な定義がされている概念です。本書ではそれらの議論に深入りすることは避け、みなさんと同じ視点で話を進めることを前提として、一応の定義を置くに留めたいと思います。

一般に、戦略とは、特定の目的や優位性を達成するために、長期的な視野と総合的な調整を通じて資源を効果的に運用する技術や理論のことを指します。経営戦略に関しては、企業が生存し成長するための方向性を示すシナリオであり、経営環境の変化に対応して競争優位を確立することを目的としています。

経営戦略は全社戦略、事業戦略、機能別戦略、そして特定の目的を達成するためのその他の戦略に分類されます。全社戦略は企業全体に関わるもので、事業戦略は各事業部門に焦点を当て、機能別戦略は営業やマーケティングなどの特定の機能に対応します。戦略はその性質上、環境の変化に対応しながら持続的な競争優位を追求するための選択と集中を求めます。これにより、限られた資源を効果的に配分することが可能になります。

また、戦略（strategy）と戦術（tactics）の違いも重要です。戦略は長期的な視点での方向性を示し、戦術はその戦略を実現するための具体的な行動計画です。戦略がなければ、組織の各部分が一貫した方向に進むことができず、全体としての目標達成が困難になります。

53

本書では、このような一般的な考え方を採用しつつ、戦略を「現状と目的とのギャップを埋めるために解決すべき課題を考え、最も効果的な打ち手に適切にリソースを配分すること」と定義したいと思います。

2 統合の全体像

(1) 統合の視点

　ブランド戦略とコンプライアンスという一見「水と油」の概念を統合するにはどうしたらいいのでしょうか。本書では両者の統合の視点として、3つの考え方を採用しています。

　1つ目の考え方は、ブランドとコンプライアンスの双方を共感的・経験的に理解するというものです。今、本書を読み進めている読者のみなさんは経営や広報といったブランドの世界に軸足がある方、法務やコンプライアンスといったコンプライアンスの世界に軸足がある方、そのほかの世界に軸足がある方など様々だと思います。

　ブランド戦略としてのコンプライアンスでは、それらの軸足を外し「ブランドの世界の人」や「コンプライアンスの世界の人」になりきって考えを進めていきます。その理由は、従来型のコンプライアンスにブランド戦略の考え方をちょっと取り入れただけのものではなく、両者を高次のレベルで統合し新しい真理に到達する（＝アウフヘーベンさせる）ことを目指すからです。そのために、みなさんにはコンプライアンス推進者兼ブランドディレクターになっていただきたいのです。

　ここで、共感的・経験的理解＝「なりきって考える」ということについて、外国での生活を理解するということを例に少しご説明します。一口に外国での生活への理解と言っても、日本においてインターネットで情報を集めGoogleマップで写真を見たりしてわかることと、実際にその土地の空気を肌で感じながら生活してわかることは違いますよね。この場合、前者は分析的理解、後者は共感的・経験的理解です。

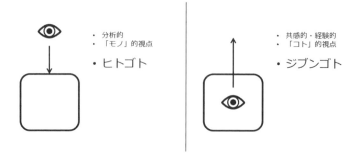

　2つ目の考え方は、ブランドとコンプライアンスの両方を自分ごととして理解し、それらを行ったり来たりしながら考えるというものです。ブランド戦略としてのコンプライアンスは、ブランド戦略であると同時にコンプライアンスでもある、という2面性があります。その本質を理解するには、双方の視点を自在に切り替えながら行動できる柔軟性が必要です。

　みなさんの中に、「斑鳩 IKARUGA」というゲームをご存じの方はいらっしゃるでしょうか。「斑鳩 IKARUGA」は白と黒という2つの属性を任意に切り替えながらプレイする独自のシステムが特徴で、属性切り替えボタンを押すと自機がまるでリバーシの石のようにくるりと反転し属性が切り替わります。ブランド戦略としてのコンプライアンスも、「斑鳩 IKARUGA」のようにブランドとコンプライアンスの2つの視点を1つに統合し、それらを頻繁に切り替えながらブランドとコンプライアンスの双方の課題の解決をしていく取り組みです。

　3つ目の考え方は、コンコーダンス（調和）です。実は医療分野、特に服薬指導において「コンプライアンス」という言葉が使われています。ここで言う「コンプライアンス」とは医療者が患者にいつ、どれだけの服薬をすべきか指示をし、それに従わせるという考え方を指します。これに対して、コンコーダンスは、患者と医療者が対等な当事者として、協力して治療方針を決定するアプローチを指します。

　私がコンコーダンスという概念と出会ったのは、私が監事を務める日本ブラ

ンド経営学会の仲間で、ブランドディレクターの岩林誠の著書でした。同書[注13]
の中ではコンコーダンスに見られる主体のあり方について、以下のように述べ
られています。

> これらのことは、医師、看護師、薬剤師などの行為が治療の主体であり、
> 患者はあくまでそれに従うという、能動／受動の関係性の根本的な見直
> しだといえるのではないか。意思決定の主導権が患者側に移行し、医療者
> とともに患者自身も治療の過程のなかにいるという関係変化が医療界で起
> きているように思われる。このことは中動態的な主体のあり方の変化を示
> す好事例ではないだろうか。

　本書のテーマである、コンプライアンスもまた医療分野における「コンプラ
イアンス」のようにルールに従わせるという能動／受動の関係性に陥っている
のではないでしょうか。コンコーダンスの考え方を取り入れ、コンプライアン
ス部門と現業部門が共に「決まり」を守る誠実な組織を作りステークホルダー
からの信頼を獲得することを目指すというのが3つ目の考え方です。

　以上の3つの考え方を頭に置きながら、ブランド戦略とコンプライアンスの
統合について考えていきましょう

（2）ブランド戦略としてのコンプライアンスのフレームワーク

　コンプライアンスもブランド戦略も企業経営の多くの場面に関連します。そ
こで、まず統合の全体像をイメージしてもらうために以下の統合フレームワー
クを用意しました。

注13　岩林誠著『当事者ブランディング：ブランドは誰のもの？中動態から読み解く』（Amazon
Kindle、2023年）

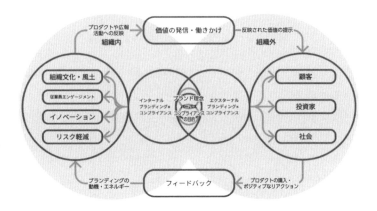

　このフレームワークは、ブランド戦略としてのコンプライアンスの全体像を図示したものです。フレームワークの左側は「組織内」に向けた取り組みを示す「インターナル・ブランディング×コンプライアンス」、右側は「組織外」への働きかけを示す「エクスターナル・ブランディング×コンプライアンス」です。左右の要素を繋ぐのは、中央に描かれたパーパス（企業・個人の存在意義や目的）であり、これが企業の内部および外部のコンプライアンス×ブランディング活動の中核を成しています。

　また、フレームワークの上部と下部には、「価値の発信・働きかけ」と「フィードバック」という組織内と組織外のコミュニケーションの循環（フィードバックループ）が示されています。前者は、組織内に対する取り組みがプロダクトや広告、従業員の立ち居振る舞いや場のデザインなどに体現され、組織外部に発信させることを意味しています。後者は、それらを受けた組織外のステークホルダーがプロダクトの購入やレピュテーション等の方法でフィードバックを行い、これが組織内の取り組みを促すエネルギーとなっていく循環を意味しています。

　それでは、フレームワークの各パーツの詳細について見ていきましょう。

（3）共通目的、核としての「ブランド理念」「コンプライアンス」と「パーパス」

　図の中心には、統合フレームワークの中核であるパーパスが配置されています。企業経営における「パーパス」とは、企業の存在意義や社会的な役割を明確にし、それを基盤に経営活動を行うことを言います。具体的には、企業が社会にどのような価値を提供し、どのように貢献するのかを示すことで、持続的な利益による長期的な成長を目指します。

　パーパスは、2010年代にSDGsの採択やESG投資の考え方を背景として広まったもので、最近ではパーパスを基に経営を進める「パーパス経営」という経営手法が一般的になっています。パーパス経営は、企業が自身のパーパスを発見・言語化することで従業員のエンゲージメントを高め、イノベーションを促進しようという経営手法で、従業員が企業の目的を理解し、共感することで、企業全体が一体となって目標達成に向かうことが容易になると言われています。

　また、パーパスを掲げることで、ステークホルダー全体からの信頼を得やすくなり、顧客ロイヤリティや企業の社会的評価の向上も期待できます。さらに、VUCA（変動性、不確実性、複雑性、曖昧性）の時代と呼ばれる現代おいては、パーパスが企業の長期的な指針となり、経営の安定性を支える重要な要素になります。パーパスは単なるトレンドではなく、企業が持続的な経済的利益を得

て成長し、社会に貢献するための基本的な経営戦略だとも言われています。

　統合フレームワークでは、このパーパスを中核としてブランド理念とコンプライアンスの目的の２つを統合しています。

　まず、ブランドの視点に立って考えます。ブランドの目的として本書が採用するのが「ブランド理念」という考え方です。ブランド理念は、ブランドコンサルタントのジム・ステンゲルが提唱した概念で、「“人々の生活をよりよいものにする”ことを目指す全社共通のゴール」であり「その企業やブランドの根本的な存在目的であり、その企業やブランドが世界にもたらす高次の恩恵を表現したもの」[注14]と定義されています。また、ステンゲルによれば、優れたブランド理念を設定し、それに基づいてビジネスを行うブランドは高い成長率を示すことが明らかになっています。ブランド理念については、第３章で詳しく解説します。

　さて、ここで視点をチェンジして、今度はコンプライアンスの目的について考えてみましょう。一般に、コンプライアンスの目的と言うと「法令やルールを守ること」「レピュテーションリスクを軽減すること」という説明がなされることが多いでしょう。しかし、「法令やルールを守ること」はコンプライアンスと同義ですから、コンプライアンスの目的はコンプライアンスだと言っているようなものです。レピュテーションリスクの軽減も、マイナスをゼロにするものなので積極性に欠け、目的としては少し弱いと言わざるを得ません。

　私たちは、第１章でコンプライアンスのことを、法令やルールではなく社会からの期待を含む「決まり」を守ることと定義しました。では、なぜ「決まり」を守る必要があるのでしょうか。コンプライアンスが企業活動の一部である以上、その目的は企業活動の目的＝パーパスに連なるものであるはずです。そもそも、パーパスで表現される企業が大切にする価値観や使命を実現するためには、価値観に基づいた行動が求められます。そして、パーパスで表現される価

注14　ジム・ステンゲル著、川名周（解説）、池村千秋（訳）『本当のブランド理念について語ろう「志の高さ」を成長に変えた世界のトップ企業50』（阪急コミュニケーションズ、2013年）

値観は、法令遵守や倫理的な行動を自然と含むものです。

　つまり、パーパスに明記はされていなくとも当然に「法令や社会の期待という『決まり』を守りながら」という要素が含まれているのです。このように考えると、コンプライアンスの目的とは「決まり」を守る誠実な企業であることを通じて、ステークホルダーからの信頼を獲得することによって企業のパーパスを適正に実現することであると言えるでしょう。

　ブランドとコンプライアンスの視点を行ったり来たりしながらそれぞれの目的を深堀していくと、両者はパーパスの実現という同じ目的を持っていることがわかってきました。これまで、コンプライアンスは企業の経済的利益追求のブレーキ役であり、経済的利益追求を目的とするブランド戦略とは相反するものであると考えられていた両者は、実は企業の持続的な利益に基づく成長と社会への貢献という同じ目的とする地続きの関係にあったのです。

　さらに、もう一度ブランドの視点に立って考えてみると、コンプライアンスは「誠実さ」というブランドが当然とする前提の一部だと言えます。反対に、コンプライアンスの視点に立ってみると、「誠実さ」という組織の価値観をカタチにするブランディングは、コンプライアンス活動そのものだと言えます。

　つまり、ブランド戦略とコンプライアンスは、「『決まり』を守るという姿勢をカタチにすることで、ステークホルダーの共感を得て競争優位を確立し、持続的利益を得ること」という形でその目的を統合することができるのです。

（4）インターナル・ブランディング×コンプライアンス

①組織内に向けた打ち手の統合

　フレームワークの左側部分には、ブランド戦略としてのコンプライアンスの組織内に向けた打ち手であるインターナル・ブランディング×コンプライアンスについて描かれています。

　インターナル・ブランディング×コンプライアンスは、ブランド戦略としてのコンプライアンスの目的であるパーパスに立脚し、組織内に向けて実施され

る一連の打ち手で、組織文化・風土、従業員エンゲージメント、イノベーション、リスク軽減の4つの要素に働きかけるものです。

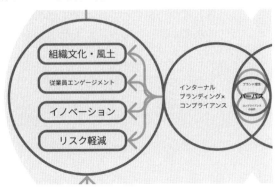

　まず、コンプライアンスの視点に立ってみると、コンプライアンス活動と言われるものの多くは、行動基準、社内規則の作成や研修など組織内に向けた活動です。したがって、ブランド戦略としてのコンプライアンスが組織内に向けた活動を含むことはイメージしやすいでしょう。

　次にブランディングの視点に立ってみます。ブランディングというと広告やプロモーションなどの組織外に向けた活動が連想されますので、組織内に向けたブランディングというのは意外に思われるかもしれません。しかし、近年では優れたブランドを確立するためには、組織内にブランドの価値観を浸透させることが重要だという考えが広がり、組織内に向けたインターナル・ブランディングもまた重視されています。

　インターナル・ブランディングは、組織のメンバーにブランド理念を伝え、共有するプロセスです。インターナル・ブランディングのゴールは、組織のメンバーが、ブランド理念を深く理解し、ブランドの「語り部」となることです。ブランド理念を日常業務に反映することで、組織全体の一体感が高まるとともに、組織外のステークホルダーとのタッチポイント[注15]の精度が上がり、ブラン

注15　プロダクト、デザインや従業員の立ち居振る舞いなどステークホルダーがブランドに接す

第2章
ブランド戦略とコンプライアンスの統合

ドイメージが強化されることが期待されます。

　インターナル・ブランディングの具体策としては、社内報、社内イベント、トレーニングプログラムなどの各種コミュニケーションプログラムのほか、アンケートやQ&Aセッションを通じてメンバーの意見を集めるなどメンバーのフィードバックを積極的に取り入れたエンゲージメントを高めるための施策、組織のリーダーによるブランド価値の実践・体現と、組織全体のブランディング活動の支援などがあります。

　ここで視点をもう一度コンプライアンスに戻してみると、インターナル・ブランディングの具体策は、コンプライアンスとも非常に親和性が高いことに気づかされます。というのも、コンプライアンス活動もまた組織内に向けた社内報、社内イベント、トレーニングプログラムという施策を中心とした活動だからです。つまり、インターナル・ブランディングとコンプライアンスは、ブランド理念やコンプライアンスの目的を含む組織のパーパスを組織内に伝え、浸透させるための行動として統合できるのです。

②インターナル・ブランディング×コンプライアンスの対象

　さて、インターナル・ブランディング×コンプライアンスは、組織文化・風土、従業員エンゲージメント、イノベーション、リスク軽減に寄与することを目的としています。次にこの4つの要素について見ていきましょう。

　1つ目は組織文化・風土です。第1章で触れたように、組織文化・風土は組織の価値観、信念、行動規範を反映するものであり、メンバーがどのように仕事を進めるか、また組織がどのように意思決定を行うかに大きな影響を与えます。強い組織文化は、従業員の一体感を高め、組織のミッションやビジョンに対する共感を促進します。例えば、Googleはオープンで創造的な文化を持ち、従業員が自由に意見を出し合い、新しいアイデアを試すことを奨励しています。これにより、Googleの従業員は自身の役割を超えて企業全体の目標に貢献し

るあらゆる要素を指します。

やすくなるわけです。

　コンプライアンスとの関係では、「コンプライアンス重視の組織風土」という言葉に代表されるようにコンプライアンス違反防止の重要な要素であるとされており、多くのコンプライアンス違反の原因として組織風土が挙げられています。コンプライアンス×ブランディングの考え方では、単に「決まりを守る雰囲気」という意味を超えて、例えば、ルールを守りステークホルダーからの期待に応え続けながら経済的利益を上げる誇り高き風土であると言えるでしょう。

　組織風土は、組織により千差万別でありそれを言い表す表現も企業ごとに異なります。統合フレームワークの中心部分で説明したパーパスを起点としたブランド理念・コンプライアンスの目的の繋がりの言語化・コンセプト化と同様に、組織風土についても、それぞれの組織が自分たちの言葉で言語化・コンセプト化することが重要です。

　2つ目は従業員エンゲージメントです。従業員エンゲージメントは従業員がどれだけ企業に対して熱意を持ち、自発的に貢献しようとするかを示す指標です。高いエンゲージメントは、生産性の向上、従業員の離職率の低下、顧客満足度の向上に寄与すると言われています。従業員エンゲージメントを高めるためには、従業員の意見を尊重し、フィードバックを積極的に取り入れることが重要です。例えば、アメリカで靴を中心としたアパレル関連の通販サイトを運営するZapposでは、従業員同士が会社のコアバリューに則った行動を取ったものに送ることができる「Zollars」という社内通貨を導入し、エンゲージメントを高めています。

　コンプライアンスもまた、従業員のエンゲージメント向上に貢献する可能性を秘めています。不正をやらざるを得ないような職場やハラスメントが蔓延る職場で働いていてもエンゲージメントの向上は見込めません。この点について、株式会社パーソル総合研究所が2023年に発表した調査[16]では、不正への関与・

....
注16　パーソル総合研究所「企業の不正・不祥事に関する定量調査（2023年）」（https://rc.persol-

第 2 章
ブランド戦略とコンプライアンスの統合

目撃経験が幸福度、組織コミットメント、継続就業意向の低下や、ストレスの増加との関連があることが示唆されています。

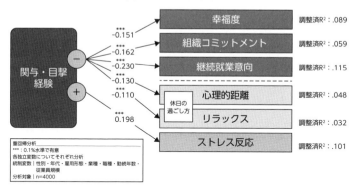

出典：パーソル総合研究所「企業の不正・不祥事に関する定量調査（2023年）」より一部抜粋

　コンプライアンスの問題は、単なる法律問題を超えて従業員のエンゲージメント向上という人事や組織風土の問題と関連していることがデータによっても裏付けられているわけです。逆に、自分たちの職場が「決まり」を守りながら、ステークホルダーからの期待に応え、賞賛を得ることができればメンバーのエンゲージメントの向上も期待できます。それこそが、インターナル・ブランディング×コンプライアンスが目指す「エンゲージメント向上」の形です。
　3つ目はイノベーションです。イノベーションとは、新しいアイデア、方法、製品、サービスを創出し、それを実用化するプロセスを指します。このプロセスは、今日において企業が競争力を維持し、市場で差別化を図るために不可欠の要素と言えるでしょう。
　イノベーションは、アイデアを新しい製品やサービス、または既存のものの改良に変換する多段階のプロセスであり、経済的な価値だけでなく社会的価値をも生み出すものとされています。例えば、3Mの「15％ルール」は、従業員が労働時間の15％をイノベーション活動に充てることを奨励する制度です。

group.co.jp/thinktank/data/corporate-misconduct.html）

65

このルールは 1948 年に導入され、従業員が日常業務の合間に新しいアイデアやプロジェクトに取り組む時間を確保するというものです。この取り組みから生まれた革新的な商品の代表例が、ポストイットです。3 M には従業員が自身の興味や創造力を発揮できる環境が整っており、これが同社の継続的な成長を支えています。

　優れたブランド戦略は、組織の価値共創活動を促進しイノベーションを生み出します。もっとも有名な例は Apple です。同社では創業者のスティーブ・ジョブズが復帰した 1997 年以降、「Think Different」に代表される製品デザイン、ユーザーエクスペリエンス、マーケティングにおいて一貫したブランドビジョンを持ちました。この強力なブランド戦略により、iPod、iPhone、iPad などの革新的な製品が次々と生まれ、これらのイノベーションが今日の Apple の成功の礎になったとされています。

　コンプライアンスはどうでしょうか。一般的に何か新しいことをしようとした場合の足枷になる、というイメージが強いコンプライアンスですがイノベーションの促進に貢献する側面もあります。例えば、利益のために不正を強いるような組織やハラスメントが横行する組織では、メンバーは保守的になり価値共創は生まれにくいと言えます。コンプライアンスを通じた良い組織づくりはイノベーションに貢献すると言えるでしょう。

　また、コンプライアンスの進化によって、法令やルールといった「決まり」との付き合い方が洗練されていけば、いたずらにイノベーションを阻害する「謎ルール」や煩雑な手続が廃止され、または軽減されることも期待できます。さらに、組織文化・風土や従業員エンゲージメントの向上などを通じて間接的にイノベーションの促進に寄与することも期待できます。また、コンプライアンスはそもそもイノベーションを守るものだという見方もできるでしょう。例えば、契約書はイノベーションを権利化して所有を可能にするためのものという側面がありますし、セキュリティに関するルールもまた、情報漏えいによってイノベーションが失われるのを防いでいる側面があるといえます。

　４つ目はリスク軽減です。リスク軽減は、企業が潜在的なリスクを特定し、

第2章
ブランド戦略とコンプライアンスの統合

それを管理するためのプロセスです。一般的に、リスク軽減には、定期的なリスク評価、内部監査、従業員のコンプライアンス教育が含まれるとされることが多いです。リスク管理は、単に企業を損害から守るだけではなく積極的な信頼獲得に寄与する面もあります。例えば、金融業界では、厳格なリスク管理プロセスが求められ、これが信頼の獲得と維持の基礎となっています。

　リスク軽減と言うとコンプライアンスの領域というイメージが強いと思いますが、ブランド戦略の強化によってリスクが軽減される側面もあります。例えば、優れたブランドにおいては組織のメンバーがブランド理念に強い共感を示していることが少なくありません。企業が窮地に立たされた際のこうしたメンバーの行動が、「神対応」として逆にステークホルダーの賞賛を得ることがあります。例えば、シャープ株式会社は、コロナ禍において急速に増加するマスク需要に応えるため、2020年3月には、液晶パネル工場を転用してマスクの生産を開始し、わずか1ヶ月で市場に供給しました。さらに、自社のオンラインストア「SHARP COCORO LIFE」を通じてマスクを販売しましたが、当初の高い需要によりアクセスが集中し、サイトが一時的にダウンする事態も発生しました。それに対して、迅速にシステムを改善し、公平な抽選販売を導入することで、顧客が公平に購入できるようにしました。これらの対応は社会の賞賛を呼び、企業イメージも大きく向上しました。

　コンプライアンスがリスク軽減に寄与することについては説明を待つ必要はないでしょう。ただし、インターナル・ブランディング×コンプライアンスにおいては、単にルールによってリスク要因となる行動を制限するだけでなく、メンバーが主体的にリスクを見極めて行動したり、窮地に陥った際も神対応によって乗り切るなど、それ以外のリスク軽減も目指す点に違いがあります。

(5) エクスターナル・ブランディング×コンプライアンス

①組織外に向けた打ち手の統合

　フレームワークの右側は、顧客、投資家、社会と言った組織外のステークホルダー向けた打ち手である、エクスターナル・ブランディング×コンプライアンスです。

　エクスターナル・ブランディング×コンプライアンスは、ブランド戦略としてのコンプライアンスの目的であるパーパスに立脚し、組織外に向けて実施される一連の打ち手で、顧客、投資家、社会の3つの要素に働きかけるものです。

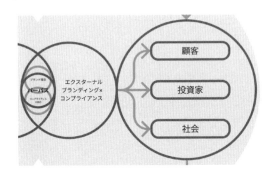

　本章の冒頭でご紹介したように、ブランドやブランディングはもともと所有者を識別するという外部に向けたものでした。近代以降におけるブランド戦略も、広報戦略やマーケティング戦略との親和性が高いと言えます。したがって、ブランド戦略の組織外に向けた活動の側面は多くの人にとってイメージしやすいものだと思います。

　エクスターナル・ブランディングの具体的な施策には、以下のようなものがあります。

・マーケティングと広告：企業のブランドメッセージを広く伝えるために、さまざまなチャネルを活用します。これには、テレビ広告、オンライン広告、ソーシャルメディアキャンペーンなどが含まれます。
・ロゴとデザイン：企業のロゴやデザインは、ブランドの視覚的なアイデンティ

ティを形成します。統一されたデザイン要素は、ブランドの認知度を向上させます。

・パブリックリレーションズ（PR）：メディアを通じて企業のメッセージを発信し、ブランドイメージを向上させるための戦略的なコミュニケーション活動です。

・顧客フィードバックの収集：顧客の意見やフィードバックを積極的に収集し、それを製品やサービスの改善に活かします。これにより、顧客満足度を向上させ、ブランドの信頼性を高めることができます。

視点をコンプライアンスにチェンジしましょう。コンプライアンスは主に組織内に向けた活動であり、組織外に向けた働きかけはイメージしづらいかもしれません。最近でこそ少なくなりましたが、過去にはコンプライアンスは「組織の恥部」であり、どのような取り組みを行っているかを組織外に話すことを憚られる雰囲気が少なからずありました。もちろん、コンプライアンス違反の中には当事者や関係者のプライバシーや、営業秘密のようなセンシティブな情報が含まれている場合があります。こうした情報をいたずらに組織外に発信すべきでないのは現代でも変わりません。しかし、最近ではESG投資や人的資本開示のように、コンプライアンスに関する取り組みを積極的に開示することが求められるようになってきました。社会的責任を果たしている企業を正当に評価しようという機運が高まっています。

視点をブランド戦略にチェンジします。企業の社会的責任は消費の分野でも大きな影響を持つようになってきています。とりわけ注目しなければならないのは「モノ消費」から「コト消費」への消費者の消費行動のシフトです。「モノ消費」とは、有形商品を購入する消費行動を指します。これに対し、「コト消費」は商品やサービスを通じて得られる体験や経験に価値を見出す消費行動です。

ブランド戦略の視点からは、現代の消費者にとっては、商品やサービスの価格や機能だけでなく、作り手である企業の価値観や世界観（ブランド）も重要な選択基準になっているとされています。こうした消費行動の変遷は、データ

の上でも明らかになっています。例えば、2015年にMintelが行った調査によると、アンケート対象の消費者の内56%は「非倫理的な行動を取る企業の商品は買わない」と回答するなど、コンプライアンスや倫理的な振る舞いが重要な商品選択基準となっていることが明らかになっています。[注17]

　また、2022年にPwCが行った調査では、日本においては諸外国に比べて企業の社会的責任や価値観広がっているとは言えないものの、将来的に企業のサステナブル・エシカルな振る舞いが消費者にとって商品・サービスの選択基準になる可能性を示唆されています。[注18]ブランド戦略においては企業が「誠実であること」は、単なる社会的責任の範囲を超え、顧客にとっての商品やサービスの重要な選択基準という競争要因の1つになりつつあるのです。すなわち、これからのブランドがステークホルダーの共感を得て競争優位を確立していくには、「誠実さ」を含むブランド理念を確立し、ブランディングを通じてステークホルダーに語り掛けていくブランド戦略の重要性が高まっていくと言えます。

　視点をコンプライアンスに移しましょう。こうした価値観の変化の影響からか、最近ではコンプライアンス違反を起こした組織が、再発防止策の実施を積極的に発信する例も増えています。例えば、30年以上の長期間にわたり空調機器や鉄道関連製品などで検査データを不正に改ざんし、不適切な試験方法を用いていたとされる三菱電機では、組織風土改革の一環として社内公募によって集まった45名の若手・中堅従業員の有志メンバーによるプロジェクト「チーム創生」を立ち上げるなどして風土改革に取り組んでいます。同社では、その取り組みを公式Webサイトやメディアを通じて発表し続けています。

　また、2022年から2023年にかけてグループ会社である日野自動車やダイ

....

注17　56% of Americans stop buying from brands they believe are unethical—Mintel (https://www.mintel.com/press-centre/56-of-americans-stop-buying-from-brands-they-believe-are-unethical/)

注18　PwC Japanグループ「新たな価値を目指して サステナビリティに関する消費者調査2022」(https://www.pwc.com/jp/ja/knowledge/thoughtleadership/consumer-survey-on-sustainability2022.html)

第2章 ブランド戦略とコンプライアンスの統合

ハツ、豊田自動織機で相次いで認証手続や性能試験に関する不正が報道されたトヨタグループでは、事件について豊田章男会長が現場のリーダーたちと対話をする様子を動画で配信しました[19]（なお、本書執筆中の 2024 年 6 月にはトヨタ自動車本体の型式不正も明らかになり、今後のトヨタグループのアクションが注目されています）。

　これらの取り組み自体に対しては様々な意見はあるものの、ともすれば「組織の恥部」として秘匿されることが多かったコンプライアンス違反後の取り組みを積極的に開示し、ステークホルダーとのコミュニケーションを図ろうという企業が出てきたことは、コンプライアンスというもののあり方を大きく変えるものであると言えます。

　組織外部に向けた活動についてブランド戦略、コンプライアンス双方の視点を行ったり来たりしながら見てみると、両者は「決まり」を守って誠実に事業を行うということを含むブランド理念をステークホルダーに効果的にアピールすることで、共感と信頼を呼び、持続的な利益と成長に繋げることを狙いとする活動として統合できると言えるでしょう。

②エクスターナル・ブランディング×コンプライアンスの対象

　エクスターナル・ブランディング×コンプライアンスは組織外のステークホルダーの代表格である顧客、投資家、社会に対して寄与することを目的としています。

　1 つ目の対象は「顧客」です。顧客は、組織の成功に直結する最も重要なステークホルダーの 1 つです。組織は商品やサービスに価値を提供することによって、経済的な利益を獲得し成長します。ブランドの世界では組織が提供する価値（便益）を、機能的便益、情緒的便益、自己表現的便益の 3 つに分けて説明します。

注 19　トヨタイムズニュース｜トヨタイムズ「トヨタグループの現場×豊田章男 不正判明後に本音で語ったコトバ｜トヨタイムズニュース」（https://toyotatimes.jp/newscast_movie/）

機能的便益は、製品やサービスが消費者に提供する具体的で実用的な利益を指します。例えば、スマートフォンのバッテリーの持続時間やカメラの画質などが挙げられます。消費者が実際に体感できる性能や効能が中心となります。

　情緒的便益は、製品やサービスが消費者に与える感情的な満足感を指します。これには、ブランドと消費者の感情的な繋がりが含まれます。例えば、あるブランドの化粧品を使用すると自信が高まる、特定の飲料を飲むと楽しい気分になる、といったものです。

　自己表現的便益は、消費者が製品やサービスを通じて自分自身をどのように表現できるかを示します。これは、ブランドを通じて自己のアイデンティティやライフスタイルを表現する手段としての価値を持ちます。例えば、高級車や高級腕時計の所有はステータスや成功を象徴することがあります。

組織が提供する価値 （便益）	説明	具体例
機能的便益 （Functional Benefits）	製品やサービスが提供する実際の有用性や効率性に関連する便益	ノートPCのバッテリー持続時間、自動車の燃費、回転寿司店での商品提供の速さ
情緒的便益 （Emotional Benefits）	製品やサービスが消費者に与える感情的な満足感や心地よさに関連する便益	オーガニック食品を食べることで得られる安心感、ゲームで得られる楽しさ、ヘッドスパでのリラクゼーション
自己表現的便益 （Self-expressive Benefits）	製品やサービスを通じて自己のアイデンティティや価値観を表現することに関連する便益	電気自動車を所有することで示す環境保護の意識、アウトドアブランドの服を着ることで示すアクティブさ、絵画を購入することでの芸術への関心

　機能的便益は、商品やサービスを観察することで具体的で測定可能なものであることから競合他社に模倣されやすく、差別化要素としては弱いとされています。特に、現代では技術の進歩や情報化社会の進展によって、競合他社は商品の機能的便益を即座に解析して、同等の機能的便益を有する商品やサービスを市場に投入することも珍しくありません。したがって、機能的便益だけで独自性を保つのは困難です。

第2章
ブランド戦略とコンプライアンスの統合

　他方で、情緒的便益や自己表現的便益による差別化は商品やサービスの作り手と顧客の間の個別のストーリーや文脈に基づくものであり、模倣することが困難です。情緒的便益は、その商品やサービスを体験した際の個人の思い出や感情と結びつくものであり、全く同じ機能の別商品を使用したとしても、以前の思い出が書き換わるわけではないからです。

　さらに、自己表現的便益は、一時の感情を超え、個人のアイデンティティやライフスタイルと結びついて自己表現の一部となったものですから、なおさら模倣は困難です。例えば、Apple ファンは Mac Book と全く同じ性能・同じ見た目のパソコンであっても、Apple の商品でなければ見向きもしないでしょう。

　このように、マーケティングやブランディングの分野では、感情的便益や自己表現的便益を与えられる商品やサービス、言い換えれば顧客の共感を得られる商品やサービスを提供することによって、競争優位を保とうという考えが主流になっています。

　視点をコンプライアンスに切り替えます。コンプライアンスは顧客にとっても重要な意味を持ちます。第1章で見てきた通り、コンプライアンスの対象である「決まり」は法令やルールを超え、社会の期待も含むようになっています。そして、この社会の期待の中で最も組織にとって影響が大きいのが顧客の期待です。

　重大なコンプライアンス違反を犯した企業は、たとえその違反の内容が商品の機能や安全性に直接関係なかったとしても、顧客からの評判を失い、場合によっては取引を停止されてしまうこともあります。例えば、2023 年に創業者による性加害が報じられたジャニーズ事務所は、報道からほどなくして日本マクドナルド、日本航空、東京海上日動、花王といった企業が相次いで同事務所に所属するタレントの起用を取りやめることを発表するなどし、話題になりました。性加害は許されない犯罪ですが、創業者による犯罪は、事務所と契約をしているタレントのパフォーマンスとは直接関係はありません。しかし、多くの企業は犯罪の重大性に鑑みて、取引停止などに踏み切ったわけです。

ここで、再びブランド戦略の視点に戻って考えてみると、一連の企業の行為は、タレントのパフォーマンスという機能的便益ではなく、性加害事件が自社のブランドの情緒的便益や自己表現的便益に与える負の影響を考慮してのことだと言えます。自社ブランドの価値の維持というブランド戦略の視点からも理に適った行為であったと言えます。2000年代以降に起こった日本を代表する超優良企業による相次ぐコンプライアンス違反事件を受けて、どんな時でも「決まり」を守って誠実にビジネスを行うことは決して簡単なことではないということが次第にわかってきました。

　つまり、コンプライアンスとは「できて当たり前」ではなく「できていたら凄い」＝付加価値になりつつあるのです。近い将来、顧客に対し、商品やサービスの付加価値としてコンプライアンスを訴求する時代が来るのではないかと私は考えています。

　２つ目の対象は「投資家」です。投資家は企業の財務的な健全性と成長ポテンシャルに関心を持つステークホルダーです。企業が持続可能なビジネスモデルを維持し、長期的な成長を実現するためには、投資家の共感と信頼を獲得することが不可欠です。

　コンプライアンスの視点に立って考えてみましょう。投資家は、企業が法律や規制を遵守し、倫理的な行動を取ることを重視しています。これは、企業の持続可能性や社会的信頼が長期的な投資リターンに直結するとの認識が広がっているためです。

　また、企業の不祥事はブランド価値の低下や法的リスクを引き起こし、株主価値を毀損する可能性があるため、投資家はより厳格なコンプライアンスを求めるようになってきています。代表的な例は、ESG投資の考え方です。投資家は、特にESGのガバナンス要素に注目しています。企業の透明性や説明責任を高めるためのデータ開示が求められており、企業のESGパフォーマンスは投資判断の重要な要素となっています。近年では、サステナビリティ戦略と財務パフォーマンスの関連性にも注目する投資家も増えています。企業は持続可能な成長を達成するためのコストやリスクを、適切に報告するよう求められ

第2章
ブランド戦略とコンプライアンスの統合

ることが増えてきました。投資家は、企業が ESG 課題に対して十分に取り組んでいない場合、投資を引き揚げることもあります。

PwC が行った調査では、企業のレポーティングの質が良好でない場合、約49% の投資家が投資を撤回すると回答しています。企業は投資家の信頼を得るために、コンプライアンスを含む ESG に関する透明性の高い情報開示と実効性のある取り組みを強化する必要があります。こうした投資家のニーズの変化は、金融庁による「スチュワードシップ・コード」の改訂や東京証券取引所の「コーポレートガバナンス・コード」の改訂など、具体的なルールの変化としても現れています。

次に、ブランド戦略の視点から投資家の関心について考えてみましょう。一般にブランドは、企業資産のうち無形資産に分類されます。無形資産にはブランドのほか、知的財産権、従業員が持つノウハウなどが含まれます。無形資産については、経済産業省の資料に以下の記載があります。

> Elsten and Hill（2017）によれば、米国の代表的な株価指数であるS&P500 に採用されている企業の市場価値を要因分解すると、2015 年時点で 84%が無形資産であり、欧州の S&P Europe350 に採用されている企業の市場価値は 71%が無形資産としている一方で、我が国の日経 225に採用されている企業を含め、アジア諸国では企業価値に占める無形資産の割合が比較的低い。

同資料によると、日本企業の無形資産の比率は 31% とのことでした。また、日本以外の主要国では無形資産投資が緩やかに上昇していることがデータから

注 20　PwC Japan グループ「グローバル投資家意識調査 2021—ESG への取り組みに対する投資家の評価」(https://www.pwc.com/jp/ja/knowledge/thoughtleadership/investor-survey/2021.html)
注 21　経済産業省「通商白書 2022」第Ⅱ部第 2 章第 3 節　無形資産と経済成長 (https://www.meti.go.jp/report/tsuhaku2022/2022honbun/i2230000.html)

も示唆されているとのことであり、投資家のブランドを含む無形資産への関心は高いと考えることができます。本章で紹介したジム・ステンゲルの研究によれば、"人々の生活をよくする"という高次のブランド理念を核に持つブランドは成長率が高いことが示唆されています。すなわち、志が高いブランドは投資家の共感を呼び、投資を呼び込むことによってより成長できる機会が増えると言えるでしょう。

　視点を再びコンプライアンスに戻し、ESG投資について見直してみると、コンプライアンスは単に金融庁や取引所のルールに対応するということを超えて、誠実に事業を行う成長可能性が高い企業であることを示すことで投資家の共感を呼び、投資を呼び込むための活動であるという側面があることがわかります。

　そもそも、金融庁や取引所の目的は社会的責任を果たす企業が正当に評価されることで健全な市場の発展を促すことにあり、ルールはそのための手段に過ぎません。コンプライアンスの文脈では、とかくルールを守ること自体を目的化してしまう「手段の目的化」が起こりがちです。視野を広げ、組織や社会が目指す大きな方向性を見据えることもまた、これからのコンプライアンス担当者には必要な素養だと言えるでしょう。

　3つ目の対象は「社会」です。企業は社会的な存在であり、地域社会や環境に対してポジティブな影響を与えることが期待されています。現代では企業の社会的責任（CSR）活動やサステナビリティの取り組みは、社会の重要な関心事と言えるでしょう。

　まず、ブランド戦略の視点から考えてみましょう。社会的責任を果たすことでブランドを成長させている企業の代表例として挙げられるのはパタゴニアです。同社は、創業以来1億4,000万ドル以上の寄付を、米国内外のそれぞれの地域で活躍する草の根環境保護団体に行ってきましたが、この活動は2002年のパタゴニアの創業者イヴォン・シュイナードとブルーリボンフライズの創業者クレイグ・マシューズによる環境保護イニシアチブである「1% for the

第 2 章
ブランド戦略とコンプライアンスの統合

Planet」という団体の設立に繋がりました。[注22]

「1% for the Planet」は、加盟企業が年間売上の1％を環境保護団体に寄付することを約束するもので、環境保護活動に対する資金提供を促進し、企業が持続可能な未来のために貢献することを目的としています。パタゴニアは「1% for the Planet」のほかにも地球環境に配慮した取り組みを数多く行っており、その姿勢は多くの消費者や投資家を惹きつけると同時に、アウトドアウェアのブランドであるパタゴニアというイメージ向上に大きく寄与しています。

また、最近では社会問題を解決するために事業を起こす社会起業も注目されています。もっとも有名な例は、モハメド・ユヌスが 1976 年に設立し、2006 年にノーベル平和賞を受賞したグラミン銀行でしょう。グラミン銀行は貧困層、特に女性を対象に無担保の小口融資（マイクロクレジット）を提供することで、貧困層が自立し、経済的に安定する手助けをすることを目的としています。グラミン銀行の融資は貧困層の人々のビジネスの開始や拡大、家庭の改善などに使用され、多くの人々が貧困から抜け出す手助けとなっています。

次に、視点を転換してコンプライアンスの目線で社会との繋がりを考えてみましょう。社会への寄与がイメージしづらいコンプライアンスですが、第1章で見てきたように、コンプライアンスの対象である「決まり」には社会の期待が含まれています。ということは、コンプライアンスもまた社会に寄与するものであるはずです。

では、コンプライアンスが社会の期待に応えることで、どのような社会課題の解決に寄与できるのでしょうか。これには組織が行っている事業の性質などによって様々な可能性があり一概に決めつけることはできませんが、私個人は「誰もが正々堂々と胸を張って働ける社会を創る」ことに貢献するものであると信じています。

私は、弁護士として企業不祥事の当事者たちの声を聞く中で、彼らの多くはルール無用のならず者などではなく、組織の論理に逆らえない「弱さ」を持つ

注 22　Patagonia「1% for the Planet」(https://www.patagonia.jp/one-percent-for-the-planet.html)

77

普通の人々であるという現実を目の当たりにしました。自分の信念に反する仕事を強制されるのも「仕方のないこと」「それが働くということだ」と言う人もいますが、私はそうは思いません。「家族や大切な人たちに対し、自分の仕事を正々堂々と胸を張って語れる」というのは、本来誰もが享受すべき基本的な権利であり価値のはずです。しかしながらその価値は十分に守られているとは言えません。だから、多くの組織が真の意味でコンプライアンスを実現することは、「正々堂々と胸を張って働く」という人間にとって基本的な価値を享受できる人を増やすことに繋がるのです。

　コンプライアンスが対象とする「決まり」には社会からの期待が含まれます。したがって、コンプライアンスは社会に対する働きかけを含むものですが、従来型のコンプライアンスは組織内に向けて閉じた活動に留まっています。ブランド戦略としてのコンプライアンスの最大の特徴は、受動的・消極的に社会の期待（周囲から言われたこと）に応えるだけでなく、能動的・積極的に社会の課題の解決に関わっていく点です。それによって、組織はステークホルダーの共感を得て信頼性を獲得し、長期的な成功を実現するのです。

（6）フィードバックループ

①概要

　フレームワークの上下部分は、組織内から外部に向けた働きかけと、組織外から組織内に対するフィードバックによる循環を示すフィードバックループが描かれています。

　フィードバックループは、これまで紹介したインターナル、エクスターナルの打ち手を組織内外のコミュニケーションを通じて連動させ、ブランド戦略としてのコンプライアンスを継続的に改善し、適応させるための重要なメカニズムです。

第２章
ブランド戦略とコンプライアンスの統合

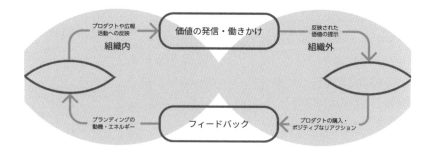

　フィードバックループは、コンプライアンスによって構築される組織の価値観や誠実な企業風土などを、プロダクトやサービスの質、体験価値の向上に具体的に化体させ、それらを外部ステークホルダーに提示する「組織内→組織外のループ（図の上部）」と、プロダクトやサービスを体験した外部ステークホルダーから、組織に対するフィードバックを受け取り、打ち手の質の向上に繋げるという正の連鎖です。

　ブランドはもともと商品やサービスの差別化機能として生み出され、マーケティングとともに発展してきたという歴史があります。そのため、ブランディングやブランド戦略には、ブランドを組織外部のステークホルダーに継続的に発信し、そのフィードバックを得て改善を進めるという組織内外のコミュニケーションが重要な要素として組み込まれています。これに対し、コンプライアンスは組織内部の法令遵守活動として発展してきた歴史があります。

　このため、コンプライアンス部門の発信機能は社内発信に特化している場合が多く、コンプライアンス部門は広報部門やマーケティング部門のような独自の強力な外部発信機能を持たないのが一般的です。コンプライアンスの外部発信は、現業部門の事業活動を通じて間接的に行われる場合が多いのではないでしょうか。

79

もちろん上場企業であれば統合報告書等を通じて、そうでない企業も独自にコンプライアンスに関する情報発信を直接的に行うことはありますが、それらはいずれも「研修を◯回やった」とか「受講率が◯％だった」という事実を羅列するものであることが多く、ブランディングのようにステークホルダーの共感を呼び、自社の競争優位を確立するために効果的にデザインされている例はあまり見られません。

　これに対して、ブランド戦略としてのコンプライアンスでは、コンプライアンス部門と現業部門は同じ組織内のチームとして外部のステークホルダーとのコミュニケーションを行います。「決まり」を守って誠実にビジネスを行うという価値は、現業部門とコンプライアンス部門が協力して行うブランディングによって、プロダクトやサービスを体験する外部ステークホルダーが知覚しやすく化体されます。そして、プロダクトやサービスを体験したステークホルダーからのフィードバックは、現業部門だけでなくコンプライアンス部門にも共有され、プロダクトやサービスおよびコンプライアンスの打ち手の向上に役立てられます。

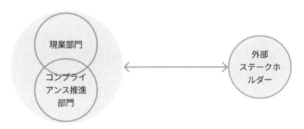

　第1章で見てきたように、コンプライアンスの対象は法令やルールだけでなく社会の期待を含むものだとされています。したがって、コンプライアンスは社会と直接コミュニケーションを行って、期待に応えているかどうかを確認する機能を持つことが自然だと言えるでしょう。

　そう考えると、自分たちの活動が社会の期待に応えているかどうかを直接感じ取れず、「本当にこれでいいのかわからない」と悩む人が多いという現状は奇妙ですらあります。フィードバックループはこの欠落を埋め、「本当にこれ

でいいのかわからない」というコンプライアンスのよくある悩みを解決するためのシステムでもあります。

②組織内→組織外ループ

フレームワークの上部は、組織外に対する価値の発信・働きかけを中心とする「組織内→組織外ループ」です。

これは、インターナル・ブランディング×コンプライアンスの打ち手によって組織内に浸透したブランド理念やコンプライアンスの目的をプロダクトやサービスなどに化体させ、外部ステークホルダーに体験してもらうためのプロセスです。

このプロセスには、プロダクトやサービスなどのコンセプトの決定、名称やロゴ、デザインへの反映、広告キャンペーンやPR活動、ソーシャルメディアでのコミュニケーションなど、ブランドの価値を外部に伝えることで、顧客の信頼とロイヤルティを築く全ての打ち手が含まれます。

ブランド戦略やブランディングの世界では、このようなステークホルダーとの接点を「タッチポイント」と呼びます。愛知東邦大学経営学部教授で日本ブランド経営学会会長、日本マーケティング学会理事でブランドコンサルタントの上條憲二は著書のなかで、タッチポイントについて以下のように説明しています。[注23]

注23　上條憲二『超実践！ブランドマネジメント入門　愛される会社・サービスを作る10のステップ』22頁（ディスカヴァー21、2022年）

街で素敵なレストランを見つけました。外観もおしゃれだし、雰囲気もよさそう。今度、家族の誕生日に行ってみようと思って、ホームページを見ました。全体的に落ち着いていて洗練された感じを受けます。料理もおいしそうです。期待は高まります。

家族の誕生日当日、お店に行きました。ホームページから受けた印象とは少し違います。店内が雑然としていて、少し狭い印象です。ウェイターに料理の中身を聞いても、今一つ要領を得ません。肝心のお料理。決して美味しくないわけではないけれど、期待していたほどではありません。食事を済ませるとシェフが挨拶に来られました。お料理にはこだわりがあるようですが、実際のところ、それほど熱い想いは感じませんでした。もしかして「誕生日」のサプライズがあるかもと思いましたが、それはなく、そのまま店を後にしました。期待していただけに、少しがっかりしました。

（中略）

いくら広告やホームページのデザインが良くても、肝心の商品、店舗、サービスの質が伴っていない、あるいは逆に、それらの質が良くても、伝え方が拙かったり、従業員の対応が悪ければ、結局のところマイナスの印象を与えてしまいます。ブランドタッチポイントの全てに目を配ること、一貫性を持たせること。少し大変ですが、その姿勢が大事です。ブランドは細部に宿るのです。

どんなに素晴らしいレストランであっても、シェフが脱税やハラスメントをしていたり、使われている材料の産地が偽装されているような店では体験価値は下がってしまいます。普段使いであれば気にならなくとも、大切な人の記念日のお祝いや、結納の挨拶のような人生の節目で積極的に使いたいとは思わないでしょう。

しかし、だからと言って店内に「当店のシェフは、昨日確定申告を終了しました」という張り紙がしてあったり、料理の提供前に原材料の産地についての

第2章
ブランド戦略とコンプライアンスの統合

説明が延々と続くような店でも体験価値は下がってしまいます。大切なことは、料理と同じようにステークホルダーが自然にブランド理念やコンプライアンスの目的に接し、違和感なく受け入れられるように調理＝デザインを施すことなのです。

こう聞くと難しいことのように感じるかもしれませんが、例えば産地や製法のこだわりについてメニューにさりげなく記載されており、料理を注文し待つ間に読んで期待感を高めるようにデザインされていたり、店内に品質を証明する証明書がさりげなく飾られているような店はいくつも存在します。店によっては、シェフの私生活をSNSで発信しその中で料理の技術や食品衛生などについて見聞を広める様子や、確定申告完了の報告をしている店もあるでしょう。

BtoBの事業であっても、タッチポイントのデザインは重要です。例えば、業務の効率化を求めて導入を検討しているシステムの営業マンがどうにも要領を得ない人物だったり、メールの返事が極端に遅いような場合には本当に効率化できるのか疑問に思い導入を見送るかもしれませんし、最先端の技術を導入していることを謳う企業の商品のパンフレットが数十年前のまま更新が止まっていたり、従業員を大切にすることを標榜している会社を訪問したら、オフィスがゴミ屋敷のように散らかっていたりしたら、取引に不安を覚えることでしょう。

組織内→組織外のループでは、ブランド戦略としてのコンプライアンスの中核にあるパーパス、ブランド理念、コンプライアンスの目的とそれに連なる各種の打ち手を相互に矛盾なく調和させ、ステークホルダーに適切に伝えるタッチポイントの設計であると言えます。

③組織外→組織内ループ

フレームワークの下部は、組織内に対する外部ステークホルダーからのフィードバックを中心とする「組織外→組織内ループ」です。

これは、ブランド理念やコンプライアンスの目的が化体したプロダクトやサービスなどを体験した外部ステークホルダーのリアクションを組織内部に伝

え、組織が打ち手を評価し、向上させるためのプロセスです。このプロセスには、組織に直接寄せられる顧客や投資家、その他ステークホルダーからの意見や、SNSやインターネット上のレビューやコメント、顧客満足度調査などが含まれます。

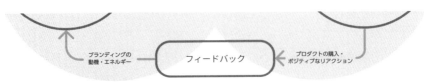

　外部ステークホルダーからのフィードバックには、ステークホルダーが何を求めているか、どのような点で満足しているか、どのような改善を望んでいるかを把握し、それによってプロダクトやサービスの品質を向上させ、競争優位性を維持する目的があります。例えば、市場のトレンドや競合他社の動向を顧客の声から読み取ることで、迅速に対応策を講じることができます。

　フィードバックはプロダクトやサービスの機能やデザインだけでなく、コンプライアンスを含む組織の姿勢に対するものも含まれます。例えば、環境に優しい家庭用洗剤やクリーニング用品を製造・販売するアメリカの企業 Method Products（以下、Method）は、2009年に「Shiny Suds」というバスルームクリーナーの広告をリリースしました。この広告は、他社のバスルームクリーナーの化学物質残留問題を風刺し、視聴者にその危険性を訴えることを目的としており、アニメーションで描かれた泡（バスルームに残る有害な化学物質の象徴）たちが主役で、女性がシャワーを浴びるシーンを描き、泡たちがその女性をからかうという内容でした。広告動画は1週間で100万回以上再生され、大きな反響を呼びましたが、裸の女性を覗き見るという設定に視聴者の一部からセクシュアルハラスメントや性的侵害行為を連想させるといった批判が寄せられたのです。

　ステンゲルによれば、Method の自社コミュニティに寄せられたのは同社を悪徳企業と糾弾する声というよりは、「どうしてこんな広告を出してしまったの？」という真摯な問いだったそうです。ユーザーの声を聞いた Method は、

第2章
ブランド戦略とコンプライアンスの統合

自社の事業にとって最も重要なステークホルダーである主婦を性的な目で見ているかのような印象を与えたことを問題視し、すぐさま動画を削除しました。Method の迅速で的確な対応は、同社が明確なブランド理念を有していたからだとステンゲルは分析しています。[注24]

　コンプライアンスの分野でも、いわゆる「失言問題」に代表されるような、企業の姿勢が社会の期待から外れてしまった事案は時々あります。この点、Method の事例において同社が「挑発的な企業である」という自社のカルチャーと、当該動画広告はセクシュアルハラスメントを連想させるという社外のカルチャーの衝突という視点（動画がハラスメントに該当するかといった視点）ではなく、「自社の重要なステークホルダーである主婦」との関係性を重視したことや、自社のコミュニティに寄せられたユーザーとの対話を通じて意思決定を行った点は注目に値します。

　世界には様々な文化的背景や価値観を持つ人々が生活しており、全ての人々から批判を受けずに事業活動を行うことは不可能です。ただ批判を回避しようとするだけのコンプライアンスでは、組織は手足を縛られ事業を行うことができなくなってしまいますし、自分勝手な価値観だけで突き進んでもステークホルダーからの信頼を失って事業を継続できなくなってしまうことでしょう。「社会の期待」という目に見えない決まりに対処するには、組織がブレない判断軸を持ちながら社会との対話を重ねることが必要だということを、Method の事例は教えてくれます。

　フィードバックは、ステークホルダーの信頼を獲得するためにも必要です。組織が外部ステークホルダーのフィードバックに対して適切に反応し、自社のプロダクトやサービスなどの改善を行うと、ステークホルダーは自身の意見が尊重され、反映されていると感じてブランドに対する愛着が強まります。これによって、ブランドは競争力を維持することが可能になります。例えば、

注24　ステンゲル・前掲『本当のブランド理念について語ろう「志の高さ」を成長に変えた世界のトップ企業50』108 頁

LEGO ブロックとして知られる組み立てブロックを主力製品とする LEGO Group では LEGO Ideas[注25] と呼ばれるファンコミュニティを運営しています。

　LEGO Ideas は、LEGO ファンが自分の創造的なアイデアを投稿し、コミュニティの支持を得て製品化の可能性を目指すプラットフォームです。この取り組みは 2008 年にスタートし、ファンの創造力をイノベーションに取り入れることを目的としています。LEGO Ideas は、単に製品化のためのプラットフォームだけでなく、LEGO ファン同士がアイデアを共有し、意見交換を行う場でもあります。このコミュニティは、LEGO のファン層を広げ、ブランドへの愛着を高める重要な役割を果たしています。

　コンプライアンスについて、社外のステークホルダーと継続的に対話をしているという事例はあまり多くありません。例えば、研修のような形で単発的に外部のステークホルダーから情報提供を受けたり対話を行うケースはありますが、LEGO Ideas のようなコミュニティの中で日常的にコンプライアンスに関する対話が行われているという例は私の知る限りではあまりありません。

　しかし、コンプライアンスの対象である「決まり」には社会からの期待が含まれており、ステークホルダー、特にブランドに愛着を持つステークホルダーは組織がどのように社会の期待に応えていくのか強い関心を有しているはずです。組織がステークホルダーとの直接的な対話を通じて、彼らの期待（それはまさに「社会の期待」そのものでもあります）に反応し、それに応えるべく業務を改善していくことでステークホルダーの共感と信頼を獲得できることでしょう。

　組織外→組織内ループの最後の機能は、ステークホルダーからのフィードバックが、ブランド戦略としてのコンプライアンスをより一層向上させるためのエネルギーとすることです。コンプライアンスという仕事は、褒められたり感謝されたりすることが少ない仕事です。社内外で発生したコンプライアンス違反を解決した際には関係者に感謝されることもありますが、平時の対応、社

....
注 25　LEGO IDEAS—Home（https://ideas.lego.com/）

第 2 章
ブランド戦略とコンプライアンスの統合

内規則を作ったり研修を行ったりという仕事は文句を言われることはあっても感謝されることはほとんどありません。

　コンプライアンスの仕事に限らず、個人が外部からの感謝無しに使命感や惰性だけで仕事ができる範囲には限界があります。ましてや、コンプライアンスは「決まり」を守る良い組織を作り、ステークホルダーからの信頼を獲得する仕事です。その一番の担い手であるコンプライアンス部門が、ステークホルダーからの感謝を通じて「社会の期待に応えることができた」という実感を得ることができず、この仕事に向かうモチベーションを保つことができないのであれば、優れたコンプライアンスなど達成できるはずがありません。

　伝統的なコンプライアンス部門は、組織外部とのコミュニケーションチャンネルを持たないのが一般的です。だからこそ、ブランド戦略としてのコンプライアンスを推進し、ブランディングの推進部門に寄せられるステークホルダーからのフィードバックにコンプライアンス部門が直接触れられる仕組みを作ることが必要なのです。

3 統合のメリットと従来型コンプライアンスとの違い

（1）統合フレームワークのまとめ

　本章では、ブランド戦略としてのコンプライアンスの全体像と統合フレームワークについて見てきました。本章の結びとして、コンプライアンスをブランド戦略の観点から再評価し、従来のコンプライアンスからブランド戦略としてのコンプライアンスへの移行がなぜ重要かについて、再度考察していきたいと思います。

　まず、統合フレームワークでは、これまで「水と油」の関係にあり全く関連性が無いと思われていたブランドとコンプライアンスが、実は、広くステークホルダーからの共感と信頼を獲得し、競争優位を確立して組織の持続的な利益・成長に寄与することを目的とする点で地続きであることや、組織が「決まり」に受動的に従うのではなく、逆に組織が主体的にパーパスと「決まり」の調和を目指していく活動であることを明らかにしました。

　次に、ブランド戦略とコンプライアンスは、それぞれの組織内・組織外に向けた打ち手が補完関係にあることも見てきました。ブランド戦略の視点からは、「決まり」を守り誠実に事業を行うという価値をブランドの一部として取り込み、組織内外に発信してブランドを強化できること、コンプライアンスの視点からは、単に「決まり」を守るだけの活動から組織内外のステークホルダーの共感を得て経済的利益や企業の成長に繋がる活動への刷新が期待できることが明らかになりました。

　さらに、ブランド戦略とコンプライアンスは、ステークホルダーとの継続的なコミュニケーションのおいても補完関係にあることがわかりました。この点は特に、自己完結的な活動になりがちなコンプライアンスが、ステークホルダー

との直接・双方向のコミュニケーション活動に変容すること、それによって組織が活力を得て成長をしていくためのプロセスであることを明らかにしました。

　このように、ブランド戦略とコンプライアンスの統合には、両者を互いに補完しつつ、さらに組織の成長に貢献する取り組みに進化させる可能性があります。

（2）ブランド戦略としてのコンプライアンスに取り組むべき理由

　従来のコンプライアンスは、組織を「決まり」に「従わせる」ということを目的としています。たしかに、法的リスクを避け、信頼を保つためにはある程度の強制が不可欠です。しかし、この「従わせる」アプローチだけに頼ると、問題が生じることがあります。具体的には、コンプライアンスが形式的なチェックリストに陥り、従業員に負担をかけることもあれば、活動が厳しすぎて創造性や柔軟性を損ない、士気を低下させることがあります。このことが、従来のコンプライアンスに「退屈」「窮屈」「やむを得ない」「感謝されない」といった否定的なイメージをもたらしています。

　一方、ブランド戦略としてのコンプライアンスは、組織が主体的に自己の目的と「決まり」を調和させる活動です。従来のコンプライアンスが「法令やルール」を出発点にするのに対し、ブランド戦略としてのコンプライアンスは「自分たちの目的（パーパス）」を基点に置きます。これは、コンプライアンスを組織外に対応する活動ではなく、組織が追求する目的に対して取り組む活動と位置づけることを意味します。このことから、ブランド戦略としてのコンプライアンスには従来型のコンプライアンスとは違ったメリットがあります。

①企業価値への貢献を意識できる

　1つ目の理由は、コンプライアンスによるブランド価値向上によって、企業価値への貢献を意識できることです。これは、コンプライアンスという活動に対する経営層をはじめとする組織のメンバーのモチベーションに影響します。

従来のコンプライアンスが経営層や現業部門からの理解を得にくいのは、組織内の人々が個人的な関心を持ちにくいためです。多くの場合、「コンプライアンスに努めても会社の利益に繋がるのか？」という疑問がその根底にあると言えるでしょう。多くの組織は利益追求を目的としており、その活動は経済的利益と企業価値の向上のために存在していると考えられます。そのため、企業価値の向上と明確な関連性が見られない活動には、積極的に取り組むことが難しいのです。

　ブランド戦略としてのコンプライアンスは、この従来型コンプライアンスが直面していた課題を克服するものです。すなわち、単に「決まり」に受動的に従う問題追求型の取り組みと捉えるのではなく、お客様に自社の製品を選んでいただく方法、投資家の関心を引き、事業を拡大する方法、組織の人々がイノベーションを推進し、優れた製品を生み出す方法、そしてそれらの活動を持続可能にする方法を積極的に考え、提案する課題解決型の取り組みと位置付けます。

　例えば、開発部門は組織の持続的な利益のために必要なプロダクトを検討し、営業部門はより多くの顧客に選ばれる方法を模索します。広報部門は持続的な利益に資するコミュニケーション戦略を、人事部門は必要な人材を育成する戦略をそれぞれ考えます。同様に、コンプライアンス部門は持続的な利益を支える「決まり」の守り方を考えるわけです。

　コンプライアンス活動がブランド価値を向上させるという形で明確に確認できる点も、従来のコンプライアンスとは異なる点です。金銭的・定量的な評価である「Brand Valuation」はもちろんのこと、ルールを守ることに対するステークホルダーの反応や顧客の信頼度の向上など、定性的な評価でも成果を把握しやすい点は、従来型のコンプライアンスと大きく異なると言えるでしょう。単に「決まり」を守ることを目的とするのではなく、「決まり」を守ることによる企業価値向上への貢献を目的とする。小さな意識の違いかもしれませんが、営利を目的とする組織にとって、モチベーション面で大きな違いがあります。

②視野が広がりクリエイティビティを発揮できる

　２つ目の理由は、コンプライアンスを捉える視点が広がり、よりクリエイティブで前向きな活動になるということです。

　コンプライアンスの問題の１つに、解決策が法律分野の知見に偏り過ぎていることがあります。たしかに、法律分野の知見は法令遵守や社内規則の作成・運用には非常に効果的です。また、不正調査における事実認定や、行為者の動機の解明、適切な処分の検討にも役立ちます。

　しかし、法律の知識だけでは、組織風土の改善や社内外のステークホルダーからの共感を得る、さらには企業価値を向上させることには十分ではありません。法律分野の知見を深めることは重要であり、また楽しい作業でもありますが、コンプライアンスの課題を解決するためには他の分野からも知見を活用することも必要になるのです。

　例えば、心理学の知識は従業員の動機づけや組織文化の理解に役立ちますし、経営学の知見は企業全体の戦略的なアプローチに貢献します。倫理学の視点からは、企業の社会的責任や持続可能な経営について深く考えることができます。デザインの知見は組織のメンバーに行動を促すのに役立ちますし、ITの知識があれば少ない人数で効果的にコンプライアンス活動を進めるのに役に立ちます。そのほかにも、社会学、データサイエンス、比較文化などコンプライアンスの課題に役立つ分野は枚挙にいとまがありません。

　ブランド戦略としてのコンプライアンスは、コンプライアンスの課題に対し、複数の視点を駆使してクリエイティブな姿勢で対処します。例えば、法律の視点で課題の解決に行き詰ってしまったら、心理学やデザインの視点で課題を見つめ直すことで新たなアイデアを模索します。課題解決について経営層と話す際には組織運営の視点を意識し、営業部門とはマーケティングの視点を踏まえて話をすることで課題解決に向けた協力関係を構築します。

　AIが日々進歩を続ける昨今、単に情報を整理して提供するような仕事はAIによって代替され、人間の仕事はクリエイティブなもの、つまり既存の枠組みにとらわれることなく、あらゆる知見を駆使して自由な発想で課題の解決策を

探っていくものに移っていきます。ブランド戦略としてのコンプライアンスは、コンプライアンス分野で働く人々の生き残り戦略でもあるのです。

　そうすると、今度は対象範囲が広すぎてどの分野の知識を身につけるべきか判断するのが難しくなるかもしれません。しかし、ブランド戦略やブランディングは、マーケティング、組織論、認知心理学、デザインなど、幅広い知識が含まれているため、これらを学ぶことで多岐にわたる知識を概観することが可能です。

　また、そもそも担当者がすべての知識を持つ必要はありません。なぜなら、組織内には様々な専門知識を持つ人々がいるからです。例えば、法務部門だけでなくマーケティング部門や人事部門も巻き込むことで、異なる視点からアイデアが提供され、より効果的なコンプライアンス戦略が策定されるでしょう。これは、組織全体が新しいアイデアやイノベーションを生み出す助けにもなるはずです。

③前向きで楽しい活動になる

　３つ目の理由はコンプライアンスが前向きで楽しい活動になるという点です。

　この点、コンプライアンスと「楽しさ」との関係について、「コンプライアンスは真面目な活動であるべきで、楽しいものであってはいけない」という意見が聞かれます。では、コンプライアンスは本当に「楽しい活動」であってはいけないのでしょうか。私はそうは思いません。たしかに、時として組織や個人を危機に陥れ、場合によっては他人の命を危険にさらすこともあるコンプライアンス違反は、不真面目に取り組んでいいものではありません。

　しかし、楽しいことと不真面目なこととは全く違います。私たちは、仕事やスポーツ、芸術など様々な活動に、真面目に取り組みながらも楽しいと感じることがあります。この「楽しい」は、充実感や自己肯定感と言い換えてもいいかもしれません。真面目であることと楽しいこととは両立するのです。何より、楽しくない活動は長続きしません。

第2章
ブランド戦略とコンプライアンスの統合

　このことは、様々な心理学の理論によっても明らかになっています。例えば、自己決定理論によれば、人間は内発的動機づけが高い活動に対して持続的な関与を示します。楽しいと感じる行動には継続的に取り組むことができ、高い集中力と創造性を発揮することができるのです。これにより、達成感や満足感が得られ、さらにモチベーションが向上します。

　そうであれば、コンプライアンスを楽しい活動として取り組むことが、コンプライアンス違反を防止するという意味でも、企業価値向上に貢献するという意味でも理に適っています。例えば、ゲーミフィケーションを取り入れたコンプライアンス教育や、報酬制度を導入することで、コンプライアンスに楽しさを取り入れるのが、ブランド戦略としてのコンプライアンスです。このような取り組みは、従業員のモチベーションを高めるだけでなく、企業全体のコンプライアンス意識を向上させる効果も期待できます。

④既存のリソースを使い回すことができる

　コンプライアンスの課題の1つにリソース不足があります。法規制の複雑化やコンプライアンスの対象の拡大によって増え続ける業務量に対し、コンプライアンス部門の人手や予算が十分ではなく、新しい取り組みを始めることが難しい場合も少なくありません。経営層も、直接的な収益を生まないコンプライアンス部門に多くのリソースを割くのをためらうことでしょう。また、コンプライアンスの課題解決には、法律以外の専門知識を持つ人材も必要ですが、そうした人材も不足しています。

　ブランド戦略としてのコンプライアンスは、既存のブランド戦略やブランディングの取り組みとの連携を重視します。すなわち、組織のリソースという観点からは、最小限の投資でコンプライアンス部門のハード面とソフト面の課題を克服し、コンプライアンス活動を強化することを目的とするアプローチであると言えます。例えば、ハード面の問題については、全社的なワークショップを開催して新たにコンプライアンスの目的を定義するのではなく、少人数のプロジェクトメンバーで既存のパーパスやブランド理念に解釈を加えること

93

で、無理なく定義することが可能です。

　また、エンゲージメント向上についても、心理的安全性向上に関する取り組みの中に、「不正を要求されない／しない職場」といった要素を加えてもらうところから始めることができるのです。そのほかにも、外部ステークホルダーとのコミュニケーションも、新しくコミュニケーションチャンネルを設けずに既存のブランディング活動の一環として行うことで効率的に進められます。

　さらに、ソフト面の問題についても、コンプライアンス部門が多様なスキルを持つ人材を新たに採用したり、ゼロから人材育成をしたりするのではなく、社内の他部署の人々の持つスキルを課題解決に役立てるというアプローチを採用します。ブランド戦略としてのコンプライアンスは、社内の既存資産を最大限に活用しつつ、コンプライアンス活動を推進するメリットがあるのです。

　このように、ブランド戦略としてのコンプライアンスは、コンプライアンス活動をブランド戦略の一環として位置付けることで、これまで単なる法令遵守活動に過ぎなかったコンプライアンスを、組織内外のステークホルダーからの共感と信頼を築き、競争優位の獲得と持続可能な成長のための活動に進化させるものです。

　また、ブランド価値の向上という組織の目的とコンプライアンスの目的を一致させることで、組織内に共通の動機と共創関係を促し、コンプライアンスに前向きに取り組むための考え方でもあり、コンプライアンスの課題に悩む多くの企業の助けになるのではないでしょうか。

第 3 章

ブランド戦略としての
コンプライアンスの
グランドデザイン

第１章、第２章では、コンプライアンスを取り巻く現状と、それに対応するための進化の形としてブランド戦略としてのコンプライアンスの概要をお話しました。

　本章では、実際にブランド戦略としてのコンプライアンスをどのように進めていくかについて見ていくことにします。まず、具体的な打ち手を考える前提として、ブランド戦略としてのコンプライアンスのグランドデザインを行います。

　第２章の冒頭でお話しした通り、戦略の定義については様々な見解がありますが、本書ではシンプルに「現状と目的とのギャップを埋めるために解決すべき課題を考え、最も効果的な打ち手に適切にリソースを配分すること」と定義しました。この定義に従って、グランドデザインを５つのプロセスに分けて考えていくことにしましょう。

　１つ目のプロセスは、目的の定義です。これはブランド理念とコンプライアンスの目的を組織のパーパスの元で統合し、２つの活動が向かうベクトルを揃えるプロセスです。このプロセスはブランド戦略としてのコンプライアンス全体の中核をなす部分です。

　２つ目のプロセスは、現状の分析です。戦略によって解くべき課題は目的と現状の差分として現れます。ブランド戦略としてのコンプライアンスを効果的に進めるには、組織が抱える具体的な課題を特定する必要があります。そのた

第3章
**ブランド戦略としての
コンプライアンスのグランドデザイン**

めには、みなさんが所属する組織の現状を分析することが不可欠です。

　3つ目のプロセスは、解くべき課題の設定です。これまで見てきた通り、組織が抱えるコンプライアンスの課題は多岐にわたっています。その中から、組織が実際に抱えている課題、特に非法律的側面の課題を特定する方法について見ていきます。また、限られたリソースで最大の効果を出すには、数ある課題のうち最も解く価値が高い課題から優先的に着手する必要があります。そこで、このプロセスでは目的達成のために優先的に解くべき課題を選択する方法について考えていきます。

　4つ目のプロセスは、打ち手とリソースの配分の検討です。課題を解くための打ち手は一つではありません。また、効果が高いと思われる打ち手であっても、組織が持つリソースとの関係で現実的でない場合もあるでしょう。したがって、現実的な戦略を立案するには特定の打ち手にリソースを思い切って振り分けることも必要です（いわゆる「選択と集中」）。このプロセスではそのための視点や考え方について見ていくことにします。

　最後のプロセスは、評価と分析です。これは、選択した課題と打ち手が目的達成にどれだけ役に立っているのかを評価するプロセスです。課題や打ち手の選択には、どうしても予測の要素が含まれます。どれだけ事前検討を重ねても、実際にその課題が目的達成のために効果的かどうか、選択した打ち手が有効に作用するかどうかを完璧に予見することはできません。組織のリソースは有限ですから、戦略遂行上の問題は早期に確定して対処する必要があります。本書では、評価と分析の1つの側面として、ブランド戦略としてのコンプライアンスのKPIの設定を中心に考えていくことにします。

　それでは、各プロセスについて具体的に見ていきましょう。

97

1 目的を定義する

(1) ブランド理念

①ブランド理念とは

　ブランド戦略としてのコンプライアンスの目的は、ブランド理念とコンプライアンスの目的を統合したものです。そこで、まずは第2章で少し触れたブランド理念について詳しく見ていくことにしましょう。

　ブランド理念とはブランドコンサルタントのジム・ステンゲルが、著書で提唱した概念で、「"人々の生活をよりよいものにする"ことを目指す全社共通のゴール」であり「その企業やブランドの根本的な存在目的であり、その企業やブランドが世界にもたらす高次の恩恵を表現したもの」であると定義しています[注1]。ブランド理念とパーパスは密接に関連しており、実務的には両者はしばしば同じ文脈で使われ、同義語として扱われることも多いです。

　ブランド理念はより具体的で実践的な意味合いを持つことが多い一方、パーパスはより広範で哲学的な概念として捉えられることがあります。本書では、特に「パーパス」という用語を使用する際には、ブランド理念を含めた組織全体の存在意義という広範な意味合いを指すという区分を設けることにします。

　さて、ステンゲルの研究の興味深い点は、急成長を遂げる優れた企業には単なる利益追求ではなく、社会的な影響力や持続的な価値創造に重点を置く「志の高さ」がブランド理念に含まれる点を明らかにしたことです。ステンゲルによれば、ブランド調査・コンサルティング会社のミルワード・ブラウン・オプ

注1　ジム・ステンゲル著、川名周（解説）、池村千秋（訳）『本当のブランド理念について語ろう「志の高さ」を成長に変えた世界のトップ企業50』（阪急コミュニケーションズ、2013年）

第3章
ブランド戦略としての
コンプライアンスのグランドデザイン

ティマーが 2010 年に行った調査[注2]では、"人々の生活を良くする"という高次のブランド理念を掲げる企業のブランド価値は大きく成長することが判明しています。

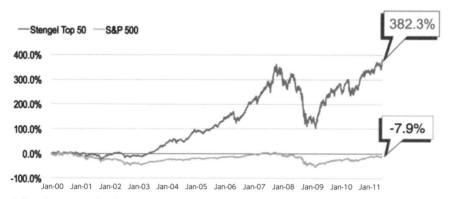

出典：ジム・ステンゲル著、川名周（解説）、池村千秋（訳）『本当のブランド理念について語ろう「志の高さ」を成長に変えた世界のトップ企業 50』より一部抜粋

ブランドの目的と言うと、「お金を儲けること」「有名になること」「ファンを増やすこと」という説明がなされがちですが、最近ではブランド理念の考え方が広まり、優れたブランドの目的＝ブランド理念とは、"人々の生活をよりよいものにする"ための高次の恩恵を世界にもたらし、それによって持続的な利益を享受すること、つまりパーパスに繋がる概念だとされることが多くなっています。

　優れたパーパスやブランド理念は、組織のメンバーの共感を高め、メンバーはその価値観に基づいて行動しようとする内発的動機が高まります。パーパスやブランド理念とコンプライアンスの繋がりを言語化・コンセプト化すれば、コンプライアンスが単なる義務ではなく、企業の使命を達成するための重要な手段として認識されることでしょう。従業員がパーパスとブランド理念に共感

注 2　Millward Brown—Classement BrandZ Top 2010 (https://www.rankingthebrands.com/PDF/BrandZ%20Top%20100%20Brand%20Ranking%202010.pdf)

し、それを体現する行動を取ることが、自然にコンプライアンス活動の強化に繋がるわけです。

　この点、パーパスやブランド理念に基づいて強力に事業を行う企業は、高い成長を示すことが明らかになっています。例えば、ブランドコンサルティング会社であるインターブランドジャパン株式会社によれば、2024年に成長を遂げたブランドには「Agility（俊敏力）」、「Coherence（整合性）」、「Alignment（結束力）」が高いという共通点があるとされています。

　「Agility（俊敏力）」とは、ブランドが課題に対してどれだけ迅速にアクションをすることができるかを示す指標で、「Coherence（整合性）」とはブランドがどれだけ首尾一貫した言動を取っているかの指標、「Alignment（結束力）」とは、ブランドがその目的（パーパス）の実現のためどれだけの実行力を有しているかを示す指標です。[注3]

　より端的に言えば、「ブランドの目的（パーパス）実現に向けて、首尾一貫した言動を強力かつ迅速に進めたブランドが成長した」ということです。最も成長したブランドでは、ブランド価値が前年比の15%もの成長を遂げており、これは世界的に見ても際立った成長率だということです。

　また、ステンゲルは優れたブランド理念には、以下のような共通する要素があることを指摘しています。[注4]

・喜びを感じさせる：人々が幸せや驚き、無限の可能性を体験する後押しをする

・結びつくことを助ける：人々がほかの人たちや世界と有意義な形で結びつく能力を高める

・探究心を刺激する：人々が新しい世界や新しい経験に乗り出すのを助ける

・誇りをかき立てる：人々が自信や力、安心感、活力を高めることを可能にす

....
注3　Best Japan Brands 2024 が明らかにする、ブランド成長の本質―インターブランドジャパン（interbrandjapan.com）https://www.interbrandjapan.com/2024_article_01/
注4　ステンゲル・前掲『本当のブランド理念について語ろう 「志の高さ」を成長に変えた世界のトップ企業50』58頁

第3章
ブランド戦略としての
コンプライアンスのグランドデザイン

　る社会に

・影響を及ぼす：現状を揺さぶり、新しいビジネスの枠組みを打ち出すなどして、社会全体に好ましい影響を与える

　もちろん、これらの要素を複数含むブランド理念であっても構いません。ステンゲルは、これらの要素のうち1つまたは複数の要素をブランド理念の中に持つブランドは成功する可能性が高いと述べています。つまり、ブランド理念は、単なるスローガンではなくブランドを成長させる具体的な指針なのです。

②ブランド理念を見極める

　実際にステンゲルのモデルに則って「ブランド理念」を定義している企業はそれほど多くないと思います。そこで、みなさんの組織のパーパスやミッション、ヴィジョン、バリュー（MVV）を手掛かりにしながら、ブランド理念を言語化していく方法をご紹介します。

　なお、ブランド戦略としてのコンプライアンスでは、必ずしも「うちの組織のブランド理念はこれだ！」ということを社内で合意することはしません。何なら、「ブランド」「ブランド理念」という言葉すら使わずにプロジェクトを進めていきます。多くの組織において、ブランド戦略やブランディングは経営企画部門や広報部門の領域でしょう。そんな中で突然、コンプライアンス部門が「ブランディング」という言葉を使い出したら、組織によっては「領空侵犯だ！」と言われて協力関係が構築できなくなることもあるでしょう。

　ブランド戦略としてのコンプライアンスにおいて重要なのは、「ブランド理念」という言葉や「ブランド戦略としてのコンプライアンス」という名前を広めることではありません。目的はあくまでもブランド戦略とコンプライアンスを統合することで、ステークホルダーの共感による競争優位を得て、企業価値を持続的に向上させることです。その目的達成の妨げになるようであれば、「ブランド」と言いたくなるのをぐっとこらえることも必要です。ただ、もちろん、経営者の方や、部門間連携が活発な組織に所属している方であれば、「ブランディング」や「ブランド理念」という言葉の使い方にそこまで神経質になる必

要はありません。

　ブランド理念の言語化は「自分たちのプロダクトやサービスの良いところ」を考えるところから始まります。とはいえ、自分たちのプロダクトやサービスの良いところは意外と言語化が難しいこともあります。こうした場合に有効なのが「ジョハリの窓」です。「ジョハリの窓」は、1955 年に心理学者のジョセフ・ルフトとハリー・インガムによって提唱された自己認識と他者認識の関係を示すモデルです。

	他者が知っている	他者が知らない
自分が知っている	開放の窓 （オープンエリア）	隠蔽の窓 （ブラインドスポット）
自分が知らない	盲点の窓 （ブラインドエリア）	未知の窓 （アンノウンエリア）

・開放の窓（オープンエリア）：自分が知っていて、他者も知っている領域です。ここには、名前や職業、趣味などが含まれます。このエリアが広がると、他者とのコミュニケーションが円滑になり、信頼関係が深まります。
・盲点の窓（ブラインドエリア）：自分は知らないが、他者が知っている領域

第3章
ブランド戦略としての
コンプライアンスのグランドデザイン

です。他者から見た自分の癖や態度などが含まれます。このエリアを縮小するには、フィードバックを受け入れ、自分を客観視する努力が必要です。

・隠蔽の窓（プライベートエリア）：自分が知っているが、他者が知らない領域です。内心の感情や考え、秘密などがここに含まれます。このエリアを縮小するには、自己開示を行い、他者と情報を共有することが重要です。

・未知の窓（アンノウンエリア）：自分も他者も知らない領域です。潜在的な能力や未発見の特徴などが含まれます。このエリアを縮小するには、新しい経験や挑戦を通じて自己発見を促進することが必要です。

「ジョハリの窓」では、自己開示や他者からのフィードバックをバランス良く取り入れ4つのエリアのバランスを調整することで、コミュニケーションの質を向上させることができます。このモデルは、チームビルディングやリーダーシップ開発で広く活用されています。自分たちのプロダクトやサービスの良いところが上手く言語化できないのは、それが「盲点の窓（ブラインドエリア）」や「未知の窓（アンノウンエリア）」にあるからかもしれません。言語化が難しければ他者の視点を取り入れたり、新しい経験や挑戦をしてみるのも良いかもしれません。

そこで、ブランド戦略としてのコンプライアンスでは、他者の視点を取り入れて「盲点の窓（ブラインドエリア）」を縮小するための方法として、以下の2つの質問を行います。[注5]

> ・あなたの会社（あるいは部署など）が「さすが〜だ」と言われるのはどんな時ですか？
> ・それには、どんな意味があると思いますか？

この質問は、みなさんの組織のプロダクトやサービスが既に獲得している良い評判を他者の視点で考えてみるためのものです。他者視点を取り入れることで「盲点の窓（ブラインドエリア）」を縮小し、プロダクトやサービスの良い

注5　上條憲二『超実践！ブランドマネジメント入門　愛される会社・サービスを作る10のステップ』（ディスカヴァー21、2023）34〜35頁

ところの言語化を目指します。もちろん、よりダイレクトに他者視点を取り入れるために、周囲の人（顧客や投資家でなくとも、ご自身の友人や家族でも構いません）にこの質問をぶつけてフィードバックをもらうこともあります。

そうして、「自分たちのプロダクトやサービスの良いところ」をリストアップ出来たら、次はそれらと優れたブランド理念に共通する要素のいずれかと結び付けていきます。「こういう風に繋がりがあるということもできる」という程度で大丈夫です。こじつけであっても構いません。「良いところ」と「要素」のペアができたら、それらを1つの文章に統合していきます。

より具体的なイメージを持ってもらうために、「B&C住設株式会社（以下B&C住設）」という架空の建設会社を例に考えてみます。

良いところ	結びつける価値観	ブランド理念（仮）
施工の丁寧さと高い耐久性	喜びを感じさせる	家族の歴史を感じられる家を提供する
顧客との信頼関係の重視	結びつくことを助ける	家を中心とした家族の生活を支える
地域環境への配慮	影響を与える	家屋を通じて地域の文化を発展させる

以上のようなプロセスで、ブランド理念を仮置きしたら、次のステップに進みます。

⋮⋮⋮ （2）ブランド理念とコンプライアンスの目的の統合

①コンプライアンスの目的と言語化

次に、ブランド理念とコンプライアンスの目的を統合していきます。もし、組織において、既にコンプライアンスの目的が言語化し共有されているのであれば、それをブランド理念と統合していくことになります。ただ、コンプライアンスの目的が言語化されていない組織もあると思いますので、ここで一度コンプライアンスの目的の言語化についても少し触れておきましょう。

みなさんにとって、コンプライアンスの目的とは何でしょうか。従来型コン

第3章
ブランド戦略としての
コンプライアンスのグランドデザイン

プライアンスでは、コンプライアンスの目的とは法令を守ることであるとか、レピュテーションリスクを軽減することだといった説明がなされることもあります。

　戦略の観点から見ると、これらはいずれも戦術的（短期的・局地的）な目標としては適切かもしれませんが、戦略的（長期的・広範的）な目的としては不十分です。組織戦略における「目的」は、組織が長期的に達成したい大きな目標を指します。ルールを守ったその先に何があるのか、レピュテーションリスクが軽減するとどうなるのかを、組織とそれを取り巻くステークホルダー全体を見渡して考えるのが、戦略的な意味でのコンプライアンスの目的です。

　そういった観点から、本書ではコンプライアンスを「『決まり』を守ること」と定義し、その目的をステークホルダーの共感と信頼を得て、競争優位と持続的な成長を享受することだと定義しました。この「ステークホルダーの共感と信頼を得て、競争優位と持続的な成長を享受する」ということをみなさんの組織の言葉で言い表したものが、本書におけるコンプライアンスの目的の言語化です。コンプライアンスの目的の言語化ができたら、今度はブランド理念との統合を進めていきます。

　ただ、両者が上手く言語化できていれば統合はそれほど難しい作業ではないかもしれません。というのも、これまで見てきた通り、ブランド理念もコンプライアンスもその究極の目的は「ステークホルダーの共感と信頼を得て、競争優位と持続的な成長を享受する」という点で同じだからです。言い換えれば、この究極目的をブランドの観点から言い表したものがブランド理念で、法令やルールの観点から言い表したのがコンプライアンスの目的だということです。このように、突き詰めれば両者の目的は同じですから、統合もそれほど難しいことではありません。

105

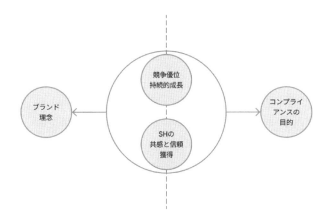

　目的の言語化はブランド戦略としてのコンプライアンスにおいて極めて重要なプロセスです。パーパスやブランド理念やそれに基づくブランド戦略がコンプライアンスと関係があることを無意識に感じ取っている人でも、組織内において言語化・コンセプト化されてはじめて意識的に行動できるためです。言語化は、頭の中のモヤモヤを整理して明確にするためのプロセスです。

　これは、クローゼットの服を整理することに似ています。多くの人にとって、どんな服があるのか何となくの記憶があっても、実際にクローゼットを開けることなく記憶だけを頼りに服を整理するのは困難です。実際にクローゼットを開けてみても、どこに何があるのか不明瞭で、作業中に予期せぬ服が見つかることもありなかなか整理が進みません。クローゼットを効率的に整理する最善の方法は、すべての服を取り出し床に並べることです。これによって、どんな服がどれだけあるのかが明らかになり、整理の方針が立てられるとともに、整理後のイメージが明確になって作業のモチベーションが上がります。

　コンプライアンスの目的は、キャッチコピーのように短くインパクトのあるフレーズにまとめるのが理想です。もし、社内で理解が得られるのであれば、広報部門などと相談してプロのコピーライターに依頼し、フレーズを作ってもらいます。

第3章
ブランド戦略としての
コンプライアンスのグランドデザイン

②統合とコンセプト化

　次に、先ほど仮置きしたブランド理念とコンプライアンスの目的を統合していきます。統合の手法には様々なものがありますが、ここでは拙著の中から3-WHYsというワークをご紹介します。[注6]

　3-WHYsは私がコンプライアンスの仕事で頻繁に使うフレームワークで、組織のWHY、個人のWHY、法律のWHYの3つの視点でブランド理念としてのコンプライアンスの目的を発見し、言語化・コンセプト化するためのワークです。

　1つ目のWHYは、組織のWHYです。ここには、その組織のパーパスやブランド理念を記入します。2つ目のWHYは、個人のWHYです。ここには、みなさんや組織の他のメンバーが個人として感じている仕事や人生の意義を記入します。3つ目のWHYは、法律のWHYです。特定の法令に関するコンプライアンスを考える場合などに、その法令がどんな理由で存在しているのか（立法趣旨、立法事実）を記入します。

　法律を守ればそれで満足だという組織はありませんから、法律のWHYだけを追い求めても競争優位と持続的な成長には繋がりませんが、法律のWHYが抜けているコンプライアンスも「仕方が無いから、法律を守りましょう」といったニュアンスになりがちで、法令軽視の態度を助長してしまう側面があります。

注6　三浦悠佑著『コンセプトドリヴン・コンプライアンス：担当者の9割が見落としている企業コンプライアンスの極意』（Amazon Kindle、2023年）

3-WHYs に個人の WHY が入っているのは、ブランド戦略としてのコンプライアンスが、組織のメンバー個人の当事者性を重視するコンコーダンスの考え方を採用しているからです。メンバーが個人として有する価値観と、組織、法律の価値観を調和・一致する点を探し、そこを起点としてコンプライアンスの目的を組み立てていきます。

組織とメンバーの価値観の一致はエンゲージメント向上にも役立ちます。メンバーは自分の役割に意味を感じやすくなるためです。組織がメンバーの心理的なニーズ（自律性、能力感、関連性）を満たす環境を提供することで、メンバーがより積極的に業務に取り組むことも期待できますし、組織とメンバーの間で定期的なフィードバックと効果的なコミュニケーションを行うことで、メンバーは自分の意見が尊重されていると感じ、よりエンゲージメントを高めることもできるでしょう。

3つの WHY をそれぞれ図に書き込んでいき、全てが重なる価値観がブランド理念とコンプライアンスの目的の統合の足掛かりとなる価値観です。重なる地点に価値観が複数ある場合にはそれらを統合して1つにする場合もありますし、最も腹落ちするものを1つ選ぶ場合もあります。

3-WHYs は組織のメンバーそれぞれに1人でやってもらうこともあれば、グループワークで行う場合もあります。また、異なるメンバーで複数回やっても気づきがあります。様々な人の視点で見ることで、より解像度の高いブランド戦略としてのコンプライアンスの目的を見つけることができますし、3-WHYs を通じてコンプライアンスについて考えてみるという行為自体が参加者たちの主体性・当事者性に良い影響があるからです。

（3）目的の統合・言語化の具体例

ここからは、先ほどご紹介した架空の住宅メーカー「B&C 住設」を例に、統合・言語化の具体例を紹介します。なお、本書で紹介する B&C 住設の事例は、実際に私の元に寄せられた様々な企業からの相談案件に一部改変、脚色を

第3章
**ブランド戦略としての
コンプライアンスのグランドデザイン**

加えて再構成したものです。

　私がコンプライアンス部長を務める B&C 住設は、建設業界で長年にわたり堅実な業績を誇ってきました。特に大きな不正事件もなく、日常業務を順調に進めてきました。コンプライアンス違反とは無縁であるかに見える当社ですが、私はコンプライアンス体制にずっと課題を感じていました。
　まず、仕組みの問題です。当社では 20 年ほど前に経団連のモデルに倣ってコンプライアンス体制を構築しました。当時としては優れたモデルだったのですが、今まで一度も大幅な見直しを行っておらず、時代遅れ感が否めません。急速に変化する業界の規制や技術に対応するためには、最新のコンプライアンス体制へのアップデートが不可欠です。
　次に人手不足です。私たちの部門は常に人手が足りず、業務量に対してスタッフの数が追いついていません。担当者たちは毎日の業務に追われ、心理的なプレッシャーを感じる者も少なくありません。この状況では、どれだけ優れた体制を持っていても、十分な機能を発揮することは難しいと思います。
　さらに、スキルの欠如も大きな問題です。私たちの部門には、専門的なスキルを持つスタッフがほとんどいません。これまで素人的なノウハウの積み重ねで、社内調査や規制対応、研修を行ってきましたが、それでは限界があります。業務は属人的で、スキルの継承も進んでいないのが現状です。チームメンバーの中には、このままで本当にコンプライアンス違反を防ぎ続けることができるのか、万が一、問題が起こったときにこのメンバーで会社を守ることができるのか、強い危機感を持っている人もいます。
　私はコンプライアンス制度を一度ゼロから考え直す必要があると感じています。これは、大きな問題が起こっていない今だからこそ、やらねばならない仕事なのです。

　B&C 住設は創業以来、真面目で堅実な社風を貫き、今日まで大きなコンプ

109

ライアンス違反事件を起こすことなく事業を継続してきました。しかしながら、コンプライアンス部門の赤井部長やチームのメンバーは、違反予防機能に様々な課題を感じ、本当にこのままでコンプライアンス違反を防ぎきることができるのか、もし問題が起こった場合に会社を守ることができるのか、強い危機感を感じています。

　実は、コンプライアンスに関する相談で最も多いのがこのタイプの企業です。特に問題が発生していないものの、現状のコンプライアンス体制には多くの課題があることを認識しており、抜本的な改革の必要性を感じているあたり、まさに「真面目で堅実な社風」が表れているとも言えるでしょう。大きなコンプライアンス違反の経験が無い、というのは企業経営にとっては非常に喜ばしいことです。

　他方で、コンプライアンス体制を刷新するような場合に、「あの失敗を繰り返さない」等の組織内の共通目標を立てることが難しく、「なぜ、現状のままではだめなのか」を説明しづらくなってしまうという側面もあります。

　特に、コンプライアンスの目的が不明確である場合には、仮にコンプライアンス体制のリニューアルプロジェクトが発足したとしても、リニューアルの方向性が定まらずにプロジェクトが暗礁に乗り上げてしまい、そのまま立ち消えになってしまうということも少なくありません。

　赤井部長はプロジェクトを進めるにあたり、まずはチーム全員が目指すべき「北極星」（コンプライアンスの目的）を決めるべく、相談に訪れたのでした。最終的に、B&C住設のブランド戦略としてのコンプライアンスのコンセプトと目的は次のようになりました。

> コンセプト：揺るぎない信頼は、お客様との「約束」を守る誠実さから。
> 　　　　　　止まらない革新は、地域の期待に応え続ける熱意から。
> 目的：「約束」を守り、期待に応えることで、地域からの信頼を得る。

　B&C住設には、「信頼は揺るぎない、革新は止まらない」というブランドステートメントがありました。それは、地域住民の生活への貢献という創業の原点や、彼らからの信頼こそが自社の競争の源泉であるということ、新しい挑

第3章
**ブランド戦略としての
コンプライアンスのグランドデザイン**

戦も彼らの信頼の上に成り立っているという想いを具現化したものでした。
　赤井部長と彼のチームには、B&C住設の創業ストーリーや、事業拡大の歴史、
地域住民との関わりなどブランドステートメント策定の経緯について振り返っ
てもらい、その中に「決まり」を守るということがどのように位置づけられて
きたのかを考え、言語化してもらうワークに取り組んでもらいました。自社の
価値観を深堀する中で、ベテラン社員から以下のような地元住民からの信頼を
象徴するストーリーの紹介がありました。

　　あれは1980年代初頭のことでした。私たちが地域の学校建設プロジェク
　トを担当していた時のことです。当時、突然の台風が直撃し、工事現場は
　大混乱に陥りました。資材は散乱し、建設中の建物も大きな被害を受け、
　年度内の完成は絶望的に思われました。
　　しかし、当時の社長は、すぐにチーム全員を集めて言いました。『子ども
　たちにとって、学校での思い出は一生もの。新しい校舎での新年度を迎え
　る喜びを届ける、という彼らとの約束を守るのが我々の使命だ』と。その
　言葉に私たちは勇気づけられ、台風によって遅れた工期を取り戻すために、
　団結して知恵を絞ったのです。特に感動したのは、地元の人々も私たちの
　姿勢に感銘を受けて、ボランティアとしてプロジェクトを支援してくれた
　ことです。会社と地域社会が一丸となって、このプロジェクトを成功させ
　ようと努力しました。
　　その結果、私たちは奇跡的に予定通りに学校を完成させることができまし
　た。後日会社に届いた子どもたちや、地元の住民たちからの感謝の言葉に
　目頭が熱くなったのを覚えています。
　　この経験は、私たちが信頼を最優先に行動する企業であることを改めて実
　感させてくれました。そして、それが私たちの成長の原動力であり、地域
　社会からの信頼を築く鍵となっていると思います。

　このエピソードの紹介をきっかけに、地域住民からの信頼は「約束を守る」

111

という企業の姿勢に住民たちが応えてくれることによって築き上げられるもので、その「約束を守る」こともコンプライアンスなのではないか、という意見や、もしこのストーリーが「実は、法律違反をやりながら工期を短縮しました」ということだったら台無しになるという意見、コンプライアンスには、会社や地域住民の誇りを守るような役割もあるのではないかといった意見が聞かれました。

　また、B&C住設のブランドステートメントのもう一つの要素である「革新は止まらない」については、最近力を入れているデジタル分野に関連して以下のようなエピソードの紹介がありました。

　　うちの会社が手掛けている地域の高齢者が安心して暮らせるスマートホームの導入プロジェクトがありますよね。最新のIoT技術を活用して、遠隔で家族や医療機関と繋がることができるスマートハウスのプロジェクトです。
　　私も以前、地域の集まりで一人の高齢者と対話した際に『一人暮らしが不安で、家族ともなかなか連絡が取れない』と話をいただいたのを覚えています。特に、夜間に具合が悪くなった時に誰にも連絡できないのが一番の心配だと。うちの会社も今は東京に本社があるので、高齢の一人暮らし家族を持つ従業員も多いのではないかと思うんです。そういう意味でも、安心して暮らせる環境を提供することは、うちの会社らしいプロジェクトだなと思っています。
　　このプロジェクトが注目を浴びているのも、似たような体験をしている従業員が多いからなのかもしれません。こういう熱意が、地域社会のニーズに応えるために革新を続け、その結果としてデジタル化に繋がっていると思います。

　このエピソードは地域社会への貢献、特に家族が都市部に働きに出るなどして地域に残された高齢者の生活を守るという使命感が原動力になっているとい

第3章
ブランド戦略としての
コンプライアンスのグランドデザイン

うことを示すものでした。他のメンバーに話を聞くと、そもそも入社動機として地域で暮らす家族や知り合いの生活の向上に貢献したいという想いを抱えていた人も多く、そのような地元愛に満ちた人々が働いているのもB&C住設の特徴だろうということでした。

　そして、地域社会への貢献は「社会からの期待」の1つであり、地域住民の信頼を裏切るような行為を防止し、期待に応えられる事業活動を支えることもまたコンプライアンス部門に期待されていることなのではないかという意見にまとまりました。このようなチーム内の対話を経て、「『約束』を守り、期待に応えることで、地域からの信頼を得る。」というブランド戦略としてのコンプライアンスの目的が言語化されたのです。

現在地を分析する

（1）コンプライアンス違反の原因の4象限による分析

　本章の冒頭でお話ししたように、戦略とは目的と現在地の差分によって現れる課題解決の手段です。したがって、戦略を策定するには現在地を知る必要があります。

　ブランド戦略としてのコンプライアンスでは、第1章でご紹介した「コンプライアンス違反の原因の4象限」の観点のそれぞれについて分析を行うモデルを採用しています。現在地分析では、ともかく現在地を冷静かつ客観的に認識することが大切です。「そうはいっても、今のうちの組織の規模ではこれが限界」であるとか「経営層のパーソナリティの問題だから仕方がない」という評価的な要素は脇に置き、どのような状況にあるのかを記述していきましょう。現在地分析から明らかになった問題の解決策は、別のステップで考えます。

①社内制度（法律×組織）

　最初の視点は、社内制度についてです。第1章で紹介したように、社内制度の不備は多くのコンプライアンス違反事件の調査報告書等で指摘されています。したがって、コンプライアンスの視点からは「決まり」を守るための社内制度が適切に導入され、運用されているかを検討する必要があります。コンプライアンスの視点で最も基本的な社内制度は、コーポレートガバナンスや内部統制に関する制度でしょう。ここで、混同されることが多い2つの概念について一度整理しておきましょう。

　コーポレートガバナンスは、企業の経営が透明で公正に行われるよう監視・管理する枠組みです。株主やその他のステークホルダーの利益を守り、企業価値を最大化することを目指します。具体的には、取締役会の構成やその活動、

第3章
**ブランド戦略としての
コンプライアンスのグランドデザイン**

株主総会の運営、経営陣の報酬の決定などが含まれます。

これに対して内部統制は、企業の業務が効率的かつ効果的に行われ、法令遵守と財務報告の信頼性が保たれるようにするためのプロセスと手続を指します。リスク管理、業務プロセスの改善、財務報告の正確性の確保が主要な目的です。

要するに、コーポレートガバナンスは企業の経営全体の管理と監督に焦点を当て、内部統制は具体的な業務プロセスとリスク管理に焦点を当てている点が一番の違いです。この違いは、それぞれが企業の健全な運営を支えるための補完的な役割を果たしていることを示しています。

はじめに、組織がそのステージにおいて要求される制度がきちんと導入されているかについて検討します。これには、法令上導入が義務付けられているもののほか、義務ではないものの推奨されているものなどがあります。

次に、形式的に制度の導入が済んでいたとしても、その制度が適切に運用されていない場合、特に何らかの事情によって骨抜きにされていては意味がありません。そこで、制度がその趣旨に則って適切に運用されているかどうかを検討します。制度を運用するのは常に人ですから、制度の運用面の問題は人や組織風土の問題と密接に関連しています。完璧な人が存在しない以上、制度の運用には必ず不備や問題があります。

しかし、だからと言って完璧な制度を作ろうとするのもまたお勧めできません。制度もまた人が作るものである以上、完璧なものではないからです。コンプライアンスという視点からは制度それ自体ではなく、それにどのように組織のメンバーが反応しているのか、特に逸脱者や逸脱したいという動機を持つ人との関係で分析をしていくことが必要です。

ブランド戦略としてのコンプライアンスの視点では、これに加えてさらにブランド戦略のための制度とコンプライアンスのための制度が連動しているかについても検討します。ブランド戦略のための制度（仕組み）については、法令やガイドラインによって統一的なものがあるわけではなく、組織や論者によって様々なものが提案されています。

ここではブランドコンサルタントの上條憲二の著書をヒントに考えていくことにします。同書によれば、中長期のブランド戦略は「ブランドらしい見せ方（ビジュアル・アイデンティティ）」、「ブランドらしい言い方（バーバル・アイデンティティ）」と、それらをルールとしてまとめた「ブランドコミュニケーションガイドライン」を基礎として、「組織の内外への伝え方」（「内部浸透活動（ブランドの体質化）」および「外部発信コミュニケーション計画立案」）と「ブランドらしい活動」計画で構成されます。このうち、社内制度の現在地分析との関係では「組織の内外への伝え方」と「ブランドらしい活動」計画に着目して見ていきましょう。

　まず検討すべきは、そもそも組織が「組織の内外への伝え方」と「ブランドらしい活動」として何を行っており、何を行っていないのかの確認です。「組織の内外への伝え方」の例については、同書中に詳細な表が掲載されていますので、まずはそれを活用してみるのも一案です。

注7　上條・前掲『超実践！ブランドマネジメント入門　愛される会社・サービスを作る10のステップ』3頁
注8　上條・前掲『超実践！ブランドマネジメント入門　愛される会社・サービスを作る10のステップ』273、295頁

第3章 ブランド戦略としてのコンプライアンスのグランドデザイン

Hint [実践編] インナーブランティングの方法はいくつもある

主なインナーブランディング施策(例)

		目的	プログラム	対象	具体的施策
	前提	伝えるべき内容の明確化	基本的要件整備		活動の柱となるブランドの基盤を明確にする
耕す	A	機運づくり	ブランドの姿勢表明	1.広告	全従業員	全国規模でマス広告を展開。全社員、家族、ステークホルダーにブランドを宣言
			2.自社サイト	全従業員	ブランドサイト(自社ホームページ)
		ブランドリーダー育成	3.ブランドリーダー育成	組織のキーパーソン	その後の活動のリーダーを育成 ■キーパーソンブランドミーティング
			4.次期経営者育成	経営者	次期経営陣候補者によるブランド塾/経営塾
認知・理解	B	認知促進	ブランドに対する基本的な認知を促進する	1.印刷物系浸透ツール	全従業員	ポスター、ブランドブック、社内報、クレドカードなど
			2.映像系ツール	全従業員	ブランドムービー(イントラ、Web、YouTubeなど)
			3.キックオフイベント	全従業員	イベント
	C	理解促進	ブランドに対しての意識を喚起する	1.意識喚起ツール	全従業員	各自のクレド、宣言、職場の宣言
			2.ブランドセミナー	職場単位	職場、職種単位に対するセミナーキャラバン
			3.ブランドクイズ	全従業員	イントラを用いて、ブランドに関する問題をクイズ形式で出題
納得・共感・体質化	D	納得促進	ブランドに対する納得性を高め、活動の意欲を喚起する	1.ブランドアカデミー	職場リーダー→各職場	ブランドらしい活動について職場ごとに考え、実践するワークショップ まず職場リーダーを育成し、その人が職場構成員の教育を行う
			2.職場ミーティング	職場単位	職場単位で定期的にブランドに対する意見交換会
			3.家族向けアプローチ	従業員の家族	従業員の家族に対するコミュニケーション
	E	具体的活動促進	具体的活動を促進し、活動の成果を共有化、体質化させる	1.活動促進キャンペーン	全従業員 職場	「○○ブランド」運動・「Good JOB」運動などによる表彰
			2.成功例共有		成功例をイントラ、社内報、ミーティングなどで紹介し共有する
			3.経営者とのミーティング		活動内容、成果について経営者と定期的に意見交換
	F	成果判断	活動の成果を測定し、改善策を立案する	1.定量意識調査	全従業員	従業員意識調査
			2.職場定性調査	職場	職場定性調査(グループインタビュー)、デプスインタビューなど

出典：上條憲二著『超実践！ブランドマネジメント入門　愛される会社・サービスを作る10のステップ』より一部抜粋

117

自分の会社の「プロモーション状況」をチェックしてみましょう。

BtoB、BtoCの企業特性に合わせてお考えください。
◎：よくできている　　○：まあできている　　△：うまくできていない　　×：実施していない

	プログラム名	施策項目	◎○△×
A	認知促進プログラム	■広告(TV、新聞、雑誌、ラジオ、インターネット、交通広告)	
		■広告(業界紙・誌、インターネット)	
B-1	話題活性化プログラム(プロスペクト対象)	■話題づくりイベント、パブリシティ、キャンペーン ■タイアップ、SNS、口コミネタ	
B-2	話題活性化プログラム(自社カスタマー対象)	■限定キャンペーン、限定イベント、パブリシティ	
C	エリア内コミュニケーションプログラム	■地域コミュニティペーパー、地域イベント協賛 ■地域放送局	
D	見込み客発掘プログラム(プロスペクト対象)	■イベント(フェア、講演会、セミナーなど) ■キャンペーン	
E	利用・購入促進プログラム(ホットプロスペクト対象)	■来店・来場イベント、体験イベント ■限定キャンペーン	
F	Thank Youプログラム(初期カスタマー対象)	■新規顧客への謝意イベント・レター・記念品	
G	リレーションシッププログラム(カスタマー、ロイヤルカスタマー対象)	■限定イベント(「○○のつどい」など)、限定体験イベント、レター、紹介依頼	
H	BtoB見込み企業発掘プログラム(プロスペクト対象)	■イベント(フェア、講演会、セミナー、展示会など) ■キャンペーン	
I	プレゼンテーションプログラム(ホットプロスペクト企業対象)	■見込み度の高い企業に対するプレゼンテーション	
J	ウエルカムプログラム(初期カスタマー企業対象)	■新規契約企業に対する謝意イベント、ツール	
K	企業リレーションシッププログラム(カスタマー、ロイヤルカスタマー企業対象)	■限定イベント・限定特典 ■他部署、関連企業紹介依頼	
L	インターネットプログラム(すべてのターゲット対象)	■インターネット広告、メールニュース、ホームページ ■ツイッター、インスタグラム、フェイスブック ■YouTube…	

出典：上條憲二著『超実践！ブランドマネジメント入門　愛される会社・サービスを作る10のステップ』より一部抜粋

　「ブランドらしい活動」とは、ブランド理念が組織における具体的な仕事(商品やサービスの開発、営業、広報、総務、経理、人事など)に反映され、「さすが○○(組織名)」と言われるレベルにまでなっているものを指します。みなさんの組織独特の仕事に対するこだわりのようなものだと考えていただければよいでしょう。

　次に、これらの活動が、コンプライアンスとの繋がりを意識したものになっているかについても確認していきます。具体的には、「決まり」を守る誠実さが、

第3章
ブランド戦略としての
コンプライアンスのグランドデザイン

ブランドリーダーの資質要件として組み込まれているか、ミーティングで語られているかという点や、それらが広告、キャンペーンなどの外部ステークホルダーとのコミュニケーションプログラムにどの程度反映されているのかという点です。反映されている場合には、無意識にあるいは担当部署が独自に「誠実さ」をブランドの一部として取り込んでいるのか、コンプライアンス部門と意識的な連携がなされているのかについても確認しておきましょう。

②知識（法律×個人）

2つ目の視点は知識です。ここでは、ブランド戦略としてのコンプライアンスでは法令の知識だけではなく、ブランド戦略やブランディングの知識についても確認をしておきましょう。第1章でも触れた通り、コンプライアンス違反事件において、そもそも組織自体が「それが法令やルール違反であることを知らなかった」という例はあまり多くありません。大企業であればもちろんのこと、最近では中小企業であっても弁護士等の専門家やインターネットを活用して必要な知識を得ている企業が多い印象です。

もっとも、経済活動の複雑化、グローバル化により企業が対応すべき法令の種類は日々増加していますので、対応すべき法令を体系的に整理し、組織に適切な知識があるかを確認することが重要であることは変わりありません。また、法令以外の「決まり」（契約や業界ルール、社会の期待など）に関する知識は、定まった答えが無い場合も少なくありません。したがって、こうした知識を十分に習得しているかを把握することは現在地分析において重要です。

もう一つの視点は、ブランド戦略の知識です。これには、第2章でご紹介したブランドに関する基本的な知識や考え方が含まれます。もっとも、ブランド戦略としてのコンプライアンスでは、それよりも自分たちの組織のブランドに関する知識、例えば、自分たちが提供するプロダクトやサービスの強みはどこにあるのか、ステークホルダーに対してどのような価値を提供しているのか、よりよい社会に貢献するためにどのようなことを考えているのか、そのためにどのような取り組みがなされているのか、といった自分たちのブランドに関す

119

る知識の有無が重要です。

　そのようなブランドの知識をまとめた資料が、ブランドブックです。ブランドブックは、企業や製品のブランド戦略を統一し、一貫性のあるメッセージを発信するためのガイドラインをまとめた文書です。これには、企業のビジョン、ミッション、バリュー、価値観や世界観、ブランドのトーンやスタイル、ビジュアル・アイデンティティなどが含まれます。ブランドブックは、社内外の関係者にブランドの本質を理解させ、統一されたブランド体験を提供するための重要なツールです。社内の全ての部署や外部のパートナーが同じ基準に従ってブランドを使用できるようになり、ブランドの認知度と信頼性を向上させたり、新しい従業員やパートナーにブランドの本質を迅速に理解させるための教育ツールとしても機能します。

　ブランドブックに対する理解度を組織が把握しているようであれば、それを活用して分析するのも一案です。ブランドブックを社外に公開している企業もあります。例えば、KDDI グループでは、「KDDI Brand Book」という Web サイトで、企業のビジョン・戦略、ブランドメッセージ、ブランドアクション、ブランド調査、ブランドストーリーなどを公開しています。同グループのブランドメッセージでは「Tomorrow, Together KDDI」を掲げ、ビジョンとしてお客様に身近な存在であること、新しい技術を通じたワクワクの提供、社会の持続的成長への貢献を目指していることを宣言しており、ブランドアクションとして従業員間のリスペクトとエンゲージメントを高める取り組みも紹介されています[10]。

　もし、組織が自分たちのブランドに関する知識について詳細に把握していないようであれば、それでも構いません。ここで大切なのはそのような現在地を客観的事実として把握しておきましょう。

....
注9　ロゴの配置、サイズ、スペースの取り方など、正しいロゴの使用方法、ブランドカラーの定義とその使用方法、ブランドに適したフォントスタイルとその使用ルール、写真やグラフィックのスタイルガイドラインなどです。
注10　KDDI Brand Book（https://brand.kddi.com/）

第3章
**ブランド戦略としての
コンプライアンスのグランドデザイン**

③ "常識"（非法律×個人）

　3つ目の視点は、"常識" と社会の期待との間のずれの分析です。ここでも、コンプライアンスの視点とブランド戦略の両方の視点で現在地を把握していきます。

　コンプライアンスの視点からは、特に個人の価値観と社会における「決まり」との向かい方のずれを把握しておく必要があります。最近ではルールとの向き合い方について、これまでとは異なる考え方が登場しています。例えば、金融庁による金融機関の監督手法は、かつてはルールベースの監督手法でしたが、2007年にプリンシプルベースの監督の導入を発表し、現在はこの手法によって監督が行われています。

項目	プリンシプルベース（原則主義）	ルールベース（規則主義）
基本概念	基本的な原則やガイドラインに基づく柔軟な監督。自主的な責任を奨励。	詳細な規則や基準に基づく監督。規則の厳守を重視。
柔軟性	高い柔軟性を持ち、状況に応じた対応が可能。	低い柔軟性。予測可能性が高いが、規則外の状況への対応が難しい。
責任の所在	自主的な行動と自己責任を重視。	規則に従うことで責任の所在が明確。
規制の実効性	自主的な取り組みを通じて実効性を高める。解釈の幅が広くなる可能性がある。	規則に基づき、実効性を維持。違反の判断が容易。
透明性	解釈の幅が広いため、透明性が影響を受けることも。	規則に基づくため、透明性が高い。
適応力	新しい状況や問題に対して迅速に適応可能。	規則の変更に時間がかかるため、適応力が低い。

　ルールベースの監督とは、金融機関や企業に対して詳細な規則や基準を設定し、その遵守を求める監督方法です。このアプローチでは、具体的な手続や数値基準が明確に定められ、企業はこれに従うことが義務付けられます。ルールベースの監督は、透明性が高く、違反の判断が容易である一方、規則が固定的であるため、迅速な環境変化や新たなリスクに対応する柔軟性が欠けることが

121

あります。

　これに対して、プリンシプルベースの監督は、金融機関や企業が基本的な原則（プリンシプル）に基づいて自主的に行動することを促す監督方法です。このアプローチは、細かい規則やガイドラインに従うのではなく、柔軟で状況に応じた判断を行うための基本原則を示します。これにより、迅速な対応や創造的な問題解決を可能にし、企業の自主性と責任感を強化します。

　プリンシプルベースの考え方は、もともと金融当局が金融機関や企業を監督する際の手法という意味合いが強いものでしたが、今日では金融規制に限らず企業におけるコンプライアンスの手法としても少しずつ取り入れられるようになっています。また、法令や規制当局のような組織の外部からもたらされるルールに受動的・消極的に従うだけでなく、より能動的・積極的な行動を促すような手法（本書が提唱するような手法）についても、コンプライアンス違反事件の調査報告書などで触れられるようになりました。

　このように、社会における「決まり」への向き合い方は少しずつ変化しており、今後も変化していくことでしょう。例えば、「詳細なルールを設けることが透明性の高さに繋がるのだから、組織は詳細なルールを設けるべき」というのは、考え方の1つに過ぎないのです。個人のルール観と社会が期待するルール観とずれを起こす場面は、今後ますます増えてくることが予想されます。

　ブランド戦略の視点からは、特に顧客や働き手といったステークホルダーからの期待の変化に注目する必要があります。顧客が企業に求めるものは、過去と現在で大きく変化してきました。例えば、かつて顧客が企業に求めた主な要素は、製品やサービスの機能性と価格でした。

　特に製造業が中心だった時代には、標準化された製品の品質とコスト効率が重視され、顧客は信頼できる品質を安価に手に入れることを最も重要視していました。また、製品の耐久性や信頼性も大きなポイントでした。これに加え、顧客は企業からの一方的な情報提供に依存し、企業の広告やプロモーションを通じて製品やサービスを知るというパターンが一般的でした。

　一方、現代の顧客は、製品やサービスの機能性に加えて、企業との関係性や

第3章
**ブランド戦略としての
コンプライアンスのグランドデザイン**

体験を重要視しています。特にデジタル化が進んだ現代では、顧客は SNS やオンラインレビューを通じて自分で情報を収集し、企業との相互作用を通じてブランドの価値を評価します。このため、企業は単に製品を提供するだけでなく、顧客とのエンゲージメントを高めることが求められています。

　現代においてはプロダクトやサービスの性能だけでなく、その作り手がどのような組織や人物であるのかもまた、顧客の重要な関心事となっているのです。すなわち、どんなに機能や価格面でメリットがあっても、作り手の企業で不正やハラスメントが横行している場合には、顧客の体験価値が損なわれ、競争上不利になることもあり得る時代なのです。

　また、働き手の価値観も変化しています。現代の従業員は、単に安定した収入や職務上の安全性だけでなく、働きがい、自己実現、ワークライフバランス、柔軟な働き方などを重視するようになっています。特にミレニアル世代や Z 世代は、企業が社会的責任を果たし、倫理的であることを期待しています。また、従業員は自己の成長やスキルアップの機会を求め、企業の一員としての貢献度や価値を実感できる環境を重要視します。

　こうしたステークホルダー＝社会の価値観の変化にブランドが応えているか、言い換えればブランド理念とステークホルダーの期待との間にずれがないかも重要な視点です。

④組織風土（非法律×組織）

　最後の視点は組織風土です。コンプライアンス違反事件の原因として、組織風土の問題は必ず指摘されると言ってよいでしょう。コンプライアンス違反事件の調査報告書を分析していくと、原因として指摘される組織風土には、以下のような共通のパターンがあります。

　第1は過度な成果主義です。短期的な利益や成果を最優先とし、社員に過度なプレッシャーをかけることで、不正行為を行う動機が生まれやすくなります。例えば、厳しい売上目標が設定され、それを達成するために手段を選ばない考え方が根付いているような場合です。

123

第2は透明性の欠如です。組織内での情報共有が不十分で、意思決定プロセスがブラックボックス化していると、不正が発生しても発見しにくくなります。また、経営陣への過度の忖度によって報告制度が形骸化している場合、問題が経営陣に届かないことがあります。

　第3はリーダーシップの欠如です。例えば、リーダーが遵法意識や倫理観を欠いている場合、その影響は組織全体に波及します。これにトップダウンでの強権的な管理が加わると、異論や改善提案が受け入れられなくなります。こういった場合、社員は声を上げにくくなり、違反が改善されることなく継続しがちです。

　第4は組織文化・風土の硬直化です。いわゆる事なかれ主義的な風土で、変化を恐れ、既存の方法に固執することで、不正行為が長期にわたり放置されることがあります。柔軟な思考や新しい視点を取り入れることが困難な環境では、コンプライアンス違反の芽が摘まれにくくなります。

　また、株式会社パーソル総合研究所が2023年に発表した調査[注11]では、個人の不正許容度と組織の不正黙認度が不正発生にプラスの影響を与えていることや、主な不正発生要因として「属人思考」[注12]「不明確な目標設定」および「成果主義・競争的風土」があることが示されています。これは、上記のような組織風土が実際に不正や不祥事を引き起こす要因となることが、データによっても裏付けられたことを示唆するものでしょう。組織が自身の風土を把握する方法としては、以下のような方法があります。

●アンケート調査：社員に対して組織風土に関するアンケートを実施することで、定量的なデータを収集できます。アンケートでは以下のような項目を含めると良いでしょう。組織によっては、人事部門などがエンゲージメント調

....
注11　パーソル総合研究所「企業の不正・不祥事に関する定量調査（2023年）」（https://rc.persol-group.co.jp/thinktank/data/corporate-misconduct.html）
注12　特定の個人の能力や判断に過度に依存する組織風土のことを言います。岡本浩一・鎌田晶子著『属人思考の心理学　組織風土改善の社会技術』（新曜社、2006年）によれば属人思考が強い組織では、意思決定がその内容よりも誰が言ったかに基づいて行われることが多いとされます。

査などの名目で既に行っている場合もあります。

・職場の雰囲気に関する質問

・リーダーシップスタイルに関する質問

・コミュニケーションの透明性に関する質問

・仕事の満足度やストレスレベルに関する質問

●インタビュー：より深い洞察を得るために、従業員やマネージャーとのインタビューを実施します。これにより、アンケートでは掘り下げられない詳細な情報や具体的な事例を収集できます。こちらも人事部門が行っている場合には、その分析結果を活用させてもらいましょう。「インタビュー」の形式を取らずとも、ちょっとした雑談などで情報を収集することも有効です。

●データ分析：人事データ、離職率、昇進率、従業員満足度調査結果などの既存のデータを分析することで、組織風土に関するパターンや傾向を見つけることができます。

●観察：日常の業務活動や会議の様子を観察し、組織内のコミュニケーションの仕方、意思決定プロセス、チームワークの状況などを把握します。最も手軽な方法ですが、観察者に組織風土論に関する知見が無い場合には、効果的な分析が難しい側面があります。

●外部コンサルタントの活用：組織風土に詳しい外部コンサルタントを招き、客観的な視点からの評価を受けることも有効です。コンサルタントは最新の手法やベンチマークを用いて組織を評価し、改善点を提案してくれます。

　組織風土は定性的なものであり、客観的に把握したり比較したりするのが難しいものです。最近では様々な調査や評価手法が開発されていますので、自前で診断・分析することが難しい場合にはプロに依頼することを検討しても良いでしょう。

（2）現在地分析の具体例

　ここからは、B&C住設の例を見ていくことにしましょう。同社の赤井部長は、コンプライアンスについて以下のように考えています。

> 　住宅というお客様の生活に密着したプロダクトを取り扱う企業は信頼が大切ということで、私たちはコンプライアンスにも非常に力を入れてきました。ただ、私たちのコンプライアンスの手法は、厳格なルールを定め、従業員を監視する管理型のコンプライアンスが中心でした。どちらかというと「できない理由」を探し、経済的利益の追求に対するブレーキ役という位置づけだったと思います。
> 　しかし、2022年に私たちは大きな転換期を迎えました。自社のパーパス（目的）を新しく策定し、中期経営計画でいわゆるパーパス経営を打ち出したのです。このパーパス経営は、我々が何のために存在し、どのように社会に貢献するかを明確にし、その目的に向かって全社一丸となって進んでいくことを意味します。「信頼は揺るぎない、革新は止まらない」というブランドステートメントもこの時に生まれました。この新しいパーパス経営のもと、コンプライアンスの目的も再定義されました。
> 　これからは、経済的利益追求と両立する形で、「できるための方法」を探すコンプライアンスを実践していきたいと考えています。これまでのように厳格なルールで従業員を縛るだけでなく、柔軟かつ創造的なアプローチを取り入れ、経済的利益を追求しながらもコンプライアンスを遵守する方法を見つけていきたいのです。

　B&C住設では、新しくパーパスを策定し、パーパス経営を宣言したことにより、組織内の各部門の仕事をパーパスに則って見直すプロジェクトが行われていました。今回の「未来のコンプライアンス」を探す取り組みもこのプロジェクトの一環として行われたものでした。

第3章
ブランド戦略としての
コンプライアンスのグランドデザイン

　赤井部長とコンプライアンス部門には、内部監査室や法務部と連携して法令上要求される制度の有無と運用の実態に関する情報を収集してもらい、次いでインナーブランディング、プロモーションに関する制度の状況についても情報を集めてもらいました。知識の習熟度に関しては、コンプライアンス、ブランド双方に関する社内研修の受講率や、アンケートの回答から推測することにしました。翌年からは、研修後に簡単なテストを行ってより直接的に習熟度を計測することにするようです。

　次に "常識" や組織風土に関する現在地把握のために、コンプライアンス部門が考える「未来のコンプライアンス」について全社員を対象に研修を行いました。この研修の目的は、組織内で新しい時代に即したコンプライアンスのあり方を模索していく前提として、まずはコンプライアンス部門の意見を共有し、議論のたたき台としてもらうことでした。研修では、コンプライアンスと経済的利益を両立し、企業の成長を支える戦略的な要素にしていくという未来像が強調されました。

　研修後、部門ごとに「未来のコンプライアンス」が自分たちの職場にとってどのようなものなのかを話し合うセッションが行われました。このディスカッションでは、現状のコンプライアンスと「未来のコンプライアンス」との間にどのようなギャップがあるのかについても意見を交わしてもらいました。以下、各部門で寄せられた意見の一部をご紹介します。

　営業部門では、未来のコンプライアンスは「顧客との信頼関係を強化するためのツール」であるべきだという意見が出ました。代表的なものとしては、以下のような意見です。

・これまでのコンプライアンスは、我々が何をしてはいけないかを強調するものでした。しかし、未来のコンプライアンスは、顧客に対して我々がどのように信頼を築き、長期的な関係を構築するかを示す指針となるべきです。具体的には、契約交渉時における透明性の確保や、契約時に取得する顧客のデータを安全に管理するためのプロトコルを強化することが求められます。

・顧客との契約交渉時に、コンプライアンスに関する知識が不足しているため

127

に顧客の信頼を損なう場面がありました。現時点においても、基礎的な知識は不足しているように思います。未来のコンプライアンスにおいても最低限の知識は確保する必要があると思います。

開発部門からは、未来のコンプライアンスは「イノベーションを支える柔軟なガイドライン」であるべきだという意見が出されました。意見を集約すると以下のような形になりました。

・建築技術は日進月歩ですが、現在のコンプライアンス体制はしばしばタイムリーな開発を阻害しているように思われます。未来のコンプライアンスは、リスクを適切に管理しつつも、イノベーションを促進するものであって欲しいと思います。

・例えば、前例がない新しい技術の導入時には、速やかに当社独自のリスク評価を行い、その結果に基づいて柔軟な対応を可能にするプロセスを整備することが必要です。

人事部門からは、未来のコンプライアンスは「社員のエンゲージメントを高めるもの」であるべきだという意見が出ました。人事部門の意見は以下の通りです。

・コンプライアンスは、社員が自らの仕事に誇りを持ち、安心して働ける環境を提供するものであるべきです。未来のコンプライアンスは、全社員が理解しやすく、日常業務に取り入れやすい形で設計されるべきです。

・また、現在当社は人手不足で、研修や手続に多くの時間を割くのは現実的ではありません。短時間で効果が高い研修の研究や、IT を使った手続の負担軽減策の検討も重要だと思います。

IT 部門からは、少し違った方向性での意見がありました。

・新しいプロジェクトを立ち上げる際に、セキュリティリスクを十分に評価しなかったためにトラブルが発生しました。この経験から、未来のコンプライアンスでは、全ての新規プロジェクトに対して包括的なリスク評価を義務付け、その結果をもとに迅速に対応するプロセスを確立する必要があります。

次に、各部門の部長職を集めて、それぞれの部でどのような意見が上がった

第3章
ブランド戦略としての
コンプライアンスのグランドデザイン

のかを共有するワークショップを開催しました。このワークショップの狙いは、部長職の方々に自身が統轄する部門の意見を、部門を代表して語っていただくことにありました。未来のコンプライアンスでは、管理職の方々もコンプライアンス推進者の一人として主体的に関与してもらうことを考えていたため、その第一歩として部長職の人に自らの口で未来のコンプライアンスについて語り合ってもらうワークショップを企画したわけです。また、B&C 住設では部長職同士が公の場でコンプライアンスについて語り合う機会はほとんどなかったことから、率直な意見交換によって生まれる化学変化や、新たな視点による気づきが得られるのではないかという期待もありました。

このワークショップは予想以上に白熱し、部長たちからは事前に部門内で話し合われたもの以外にも様々な意見が寄せられました。代表的なものとしては、社内のルールが複雑になり過ぎた結果、ルールの形式面ばかりに注目し実際の目的や背景を理解せずに業務を進めているのではないか、という意見や、形式面の重要性を理解した上でこだわるべきはこだわり、法令違反を厳しく管理監督することの必要性も強調されました。ワークショップからは、コンプライアンス部門にとってもいくつかの重要な気づきが得られました。

現在地分析の観点からの最大の気づきは「知識」に関する現状でした。コンプライアンス部門はこれまで組織は十分な法令知識を有しており、これ以上知識を増やす必要性は低いものと感じていました。ところが、部長たちの中には、現在組織内にある知識からは本質的な部分が失われており、再度法令知識の本質を学び直す必要性を感じていることがわかりました。

また、組織風土の現在地についても新たな気づきが得られました。コンプライアンス部門は、社内ルールが複雑化・厳格化され過ぎたせいで組織内にはルール違反を過度に恐れる空気が蔓延していると考えていました。たしかに、そういった風土は見受けられたものの、一部の新規事業の中には「全員素人」というスローガンの下で関係部門と積極的に連携し、ルールがまだ存在しない問題の解決のために知恵を出し合う文化が育っていたというのです。こうして、B&C 住設はいくつかの気づきを得ながら現在地を把握していったのでした。

3 解くべき課題を決める

(1) 解くべき課題の見極め方

　本章の冒頭で述べたように、戦略は組織が目指す目標と現状とのギャップを埋める計画です。戦略を立てる際には、目的を明確に定め、現状を詳しく理解することが不可欠です。

　次に、ギャップに関連する具体的な課題を特定し、それらを解決する方法を考案する必要があります。これまでの分析では、ブランド戦略としてコンプライアンスの目的を設定し、4つの視点から組織の現在地を検討してきました。この分析により、次のステップでは目的と現在地のギャップから、解決すべき課題を決めていきます。現状分析を進めると、様々な課題が浮かび上がってきます。例えば、

・制度の運用が形骸化している
・研修の受講率が低く、知識の定着が不十分
・古い価値観に固執する管理職が多い
・上司に忖度して問題を報告しづらい文化が存在する

といった課題が見えてくることでしょう。これらの問題は全て重要そうに見えますが、すべてが「解決すべき課題」であるとは限りません。

　戦略で重要なのは、解決することによって目標達成に近づく課題を見極め、優先的に取り組むことです。なぜなら、組織のリソースは有限でありすべての課題を同時に解決することは物理的に不可能だからです。限られたリソースを取り組みやすいが効果が薄い課題に割いてしまうと、大きな成果を得ることが難しくなります。例えば、組織のメンバーから「もっと法律について知りたい」という意見があったとします。

第3章
**ブランド戦略としての
コンプライアンスのグランドデザイン**

　法律研修は最も基本的なコンプライアンス活動の1つで、取り組みも比較的容易ですから、メンバーからの要望があれば「とりあえず」課題として認識し、研修の拡充にリソースを割きたくなるかもしれません。

　しかし、既にある程度の知識を有している組織において、さらなる法令知識の拡充が企業にとってどれほどの意味があるのか、その知識の拡充が目標達成にどのように役立つのか、知識の拡充よりももっと目的達成のために解決する価値がある課題は無いのかを慎重に検討する必要があります。こうした問いに対する答えを明確に説明できない場合、その取り組みは優先する価値が乏しいと言えます。

　ブランド戦略としてのコンプライアンスにおいて解くべき課題とは、以下の3つの要件を満たすものです。これらの要件を理解し適用することで、組織は効果的にコンプライアンス活動を推進し、競争優位を確立することができます。

・重要な目的に関連していること

・ストーリーを記述できること

・解決可能であること

　以下では、この3つの要件についてそれぞれ見ていくことにしましょう。

①組織の重要な目的に関連すること

　最初の要件は、組織が達成しようとする重要な目的に関連するものであることです。本章で言語化されたブランド戦略としてのコンプライアンスの目的は、「ステークホルダーの共感と信頼を得て、競争優位を確立し、組織が持続的な利益と成長を享受する」というものです。これを各組織の状況に合わせて、具体化・言語化することが求められます。例えば、家電メーカーにおいて、制度（法律×組織）の観点から目的と現在地を分析した結果、以下の3つの課題が出てきたとします。

・製造プロセスの各段階で厳密な品質チェックを行う制度（ISO 9001 などの品質マネジメントシステムに基づく制度等）が長期間アップデートされていない。

・製品の特徴や技術の利点、リスクなどについて正確で透明な情報を提供する

ためのポリシーが未策定である。

・下請法を遵守するための社内の発注システムにおいて、今後予定されている
　法改正への対応が未了である。

　もし、コンプライアンス部門にこの3つの中から1つに取り組むリソースし
か無いとしたら、どの課題を選択すべきでしょうか。3つの課題はどれも重要
そうで、このままでは決めることができません。

　では、仮に、この家電メーカーが、高齢者向け市場に新規参入を果たしたばか
りで、高齢者から信頼されるブランドを確立したいと考えており、そのため
の打ち手として、対面販売やコールセンター機能の充実を進めている場合はど
うでしょうか。この場合であれば、2番目の課題の重要性が他の2つよりも高
いような気がしてきます。法律の目線ではどれも等しく重要そうに見える課題
であっても、戦略的な目線では企業が置かれた状況によって重要度が変化する
のです。

　したがって、企業の戦略やその実施状況を考慮することなく、「有名な自動
車メーカーが下請法違反事件を起こして話題になっているから」という理由だ
けで下請法対応を優先させたり、チームメンバーの頑張りに期待して3つの課
題すべてに対応しようというのは得策ではありません。それどころか、2番目
の課題に十分なリソースを避けなかったことで、販売員がバラバラの説明を行
い、高齢者からの信頼を失ってしまうという可能性すらあるのです。

　また、状況は日々変化するということも考慮に入れる必要があります。もし
明日、この企業が公正取引委員会から「下請法違反の恐れがあるので、立入調
査を行う」との通知を受けたとしたら、3番目の課題が一気に重要な課題にな
ることでしょう。1番目の課題や3番目の課題の解決が不要だと言っているわ
けではありません。重要な課題の中でも、どれを優先的に解決すべきかを戦略
的視点に立って決断することが大切だということです。

②ストーリーがあること
　次の要件は、ストーリーがあることです。これは、目的および現在地、ギャッ

第3章
ブランド戦略としての
コンプライアンスのグランドデザイン

プの中身が明確であることと、ギャップの背後にある課題を解決することによって、組織がどのように現在地から目的に近づいていくのかが言葉で説明できることを意味します。ここで、「言葉で説明できる」ということにこだわるのは、言葉にできないものは論理的に進めていくことが難しいためです。

　課題の内容と解決の流れを言葉で記述することによって、各要素の具体的な論理関係や時間軸、一貫性の検証ができるようになります。また、現実問題として、組織を動かしていくには周囲の共感と協力を得る必要があります。暗黙知を暗黙知のままで共有することは質の高い時間と場の共有が必要ですが、言葉で語ることができるストーリーがあることで、組織内外の多数のステークホルダーを短期間で巻き込み、一体感を持って課題に取り組みやすくなります。例えば、先ほどの家電メーカーで、知識（法律×個人）の視点から、以下の課題があることが判明したとします。

・管理職の労働法制に関する知識が不十分であり、法律上問題がある指示や労働慣行が存在している。

・独占禁止法に関する研修の受講率が低く、社内ガイドラインに沿った小売店とのコミュニケーションが不徹底。

・コンプライアンスの目的に関する理解が進んでおらず、思考停止的・惰性的にルールに従うだけになってしまっている。

　これらもいずれも重要な課題です。しかし、このままでは知識の拡充によって目の前の問題を解決することはわかっても、ステークホルダーからの共感による競争優位の獲得にどのように繋がっているのかは明らかではありません。つまり、法律の視点から意味があることはわかっても、ブランド戦略の観点から意味を見出すことが難しいのです。

　したがって、課題解決のためのストーリーを作り、課題に意味を持たせることが必要になります。例えば、先ほどのように高齢者市場への参入を考えているのであれば、3番目の課題は、メーカーとして従うべきルールに従って誠実な商品作りをしていることを高齢者にアピールし、信頼を獲得することに繋げることもできますし、柔軟なルールへの対応を通じて高齢者の要望に丁寧に答

133

えるが、高齢者のリピーター客に繋がるというストーリーを導き出すことができるかもしれません。

　ストーリーが説得力を持つには、課題の解決と目的達成との間の因果関係が重要です。上の例も自社のターゲットである高齢者消費者が「誠実な物づくり」をする企業であることに価値を感じているからストーリーが説得力を持つのであって、彼らが「法律違反をしてもいいから、とにかく安い製品を供給してくれれば良い」と思っているのであればストーリーは説得力を持ちません。ストーリーの有無や説得力の強さを図るには、課題解決と目的との間の因果関係について客観的に明らかにしておくことも重要です。

③解決可能な課題であること

　最後の要件は、課題が一見して解決可能であることです。どんなに重要な課題であっても、解決が著しく困難であったり解決が不可能である場合には、本当に今解くべき課題かを慎重に検討する必要があります。繰り返しになりますが、組織のリソースは有限なのです。解決不可能な課題を設定したことで行き詰っている企業は意外と多いです。彼らの多くは、自身が設定した課題を解決不可能であることを認識していないのです。

　先ほどの家電メーカーの例を用いて、より具体的に見ていきましょう。例えば、同社の"常識"（非法律×個人）、組織風土（非法律×組織）の現在地を分析したところ、下記のような課題が見つかったとしましょう。

・「顧客は自社製品の価格にしか興味がない。」と考えている営業担当者が多い。
・管理職の中には、「部下の仕事は、上司に心配をかけないこと。誰かに気づかれる前に問題を一人で処理してこそ一流。」という考えの者がいる。
・経営陣の"昭和的"価値観に基づく言動によって、組織に「良い製品を提供していれば、顧客は多少の法令違反は見逃してくれる」という風土が根付いている。

　解決できない課題の典型例は、3つ目の課題に出てくるような「経営陣の昭和的な価値観を変える」というものです。価値観とは、一般的に個人が重要だ

134

第3章
ブランド戦略としての
コンプライアンスのグランドデザイン

と感じる信念や理想、行動の指針となる原則のことを指しますが、これらは通常、個人の人生経験や文化的背景、教育、社会的環境など、多くの要因によって形成されます。価値観は個人に深く根差しておりアイデンティティの一部となるため、変更することは非常に困難です。

　しかし、多くのコンプライアンス担当者はこの解決困難な課題に取り組んでいます。「弁護士先生の方からガツンと言っていただいて、経営陣の価値観を180度変えてください」という依頼がときどきありますが、私ははっきりとそれは私の力では不可能だとお断りしています。そもそも、自らの信念に基づいて企業を経営している方々が、たかだか外部の弁護士の話を1時間程度聞いて価値観が180度変わってしまうようなことはあり得ないと思うのです。もしそんなに簡単に価値観が変わってしまう経営陣だったら、コンプライアンスリスク以上に経営上のリスクがあるのではないでしょうか。単なる私の力不足かもしれませんが、「人の価値観を変える」というのは解決困難な課題であることを改めて認識する必要があるでしょう。

　ただ、上記の3番目の課題との関係でいえば、経営陣個人の価値観を変えなくとも言動を変えてもらうことは可能です。つまり、価値観を変えるのではなく、マネジメントの手法や情報発信の内容を変えてもらうのです。経営陣個人の価値観は別として、ステークホルダーの信頼を獲得するためにベストな方法を選択してもらうことを課題にするのです。

　このように、目的と現在地を別の角度から捉えることで、目的達成に向かう別の課題（道筋）が見つかることがあります。目的達成までの道筋はいくつもあり、その中で解決可能な課題が含まれる道筋を選ぶことが大切なのです。

　ブランド戦略としてのコンプライアンスにおいて、解くべき課題は、重要な目的に関連し、明確なストーリーがあり、解決可能であることが求められます。これらの要件を満たす課題に優先的に取り組むことで、組織は持続可能な成長と利益を実現し、競争優位を確立することができます。

(2) 課題決定の具体例

　ここからは、再び B&C 住設の事例を用いて、目的設定と現在地分析からどのように解くべき課題を設定するかを見ていきます。なお、解決する課題は必ずしも 1 つに絞る必要はありません。組織によっては複数課題に同時に対応する場合もあるからです。B&C 住設ではこれまでのワークショップの結果から、特に以下の目的と現在地のギャップに注目し、この解決を目指すこととしました。

> 失敗に対する過度な恐れ：複雑化する社内ルールへの対応ミスを恐れるあまり、思考停止的に前例を踏襲し柔軟な対応ができていない。

　まず、重要な目的との関連性についての分析です。B&C 住設の重要な目的は「信頼は揺るがない、革新は止まらない」というブランドステートメントが示すように、B&C 住設は地域住民の信頼を第一にしながらも、絶え間なく挑戦し続けることを重視しています。したがって、いかなる事業活動もこの二つの目的を同時に満たすことが推奨されています。

第3章
**ブランド戦略としての
コンプライアンスのグランドデザイン**

　しかし、前例踏襲的思考やルールへの対応への失敗を過度に恐れる姿勢は、この「挑戦を止めない」という部分に大きな障害となります。特に、B&C住設では最近、高齢者向けのスマートハウスの開発を進めています。これはこれまでにない新しい分野であり、柔軟な思考が特に必要です。前例踏襲的な思考は、これらの革新的な取り組みにおいて問題となるでしょう。このように、B&C住設が策定したブランドステートメント「信頼は揺るがない、革新は止まらない」との関係でも、同社が現在力を入れているスマートハウス事業との関係でも、「前例踏襲的な思考の打破」は重要であると考えられます。

　次に、ストーリーについて検討します。B&C住設は、コンプライアンスやブランドに対するより深い知識が、なぜ地域の信頼に繋がるのかを改めて考えてもらいました。また、顧客満足度調査やマーケティング調査の結果を分析し、B&C住設がどのような点で顧客に支持されているのかも確認しました。そうしたところ、下記のようなお客様の声があることがわかりました。

　先日、営業担当者の小虎解良山さんが訪問してくれました。私は一人暮らしの高齢者で、住宅の増築に関する相談をしていました。増築は初めてのことだったので大きな買い物だし少し不安を感じていました。小虎解良山さんはとても親切で、私の不安に真摯に向き合ってくれました。
　特に印象的だったのは、小虎解良山さんが私の意見や疑問をしっかりと聞いてくれ、「この部分についてご不安な点はありますか？」と常に私の気持ちに寄り添ってくれたことです。説明の際にも、図面を広げながら「こちらが新しくなる部分です。ここは明るい光が入るように設計されています」と具体的に示してくれ、理解しやすく説明してくれました。また、小虎解良山さんは「何か不安な点やご質問があれば、いつでも私に連絡してください。必ずお電話に出るようにします。」と言ってくれ、実際に電話をした際にはすぐに対応してくれました。
　私は、B&C住設がかつて子どもたちのために小学校を建築したプロジェクトの話を聞いて、B&C住設が約束を守る誠実な企業という印象を持っ

ていました。小虎解良山さんの人柄は私の B&C 住設に対するイメージそのものでした。

　このようなお客様の声から、顧客と直接接する営業担当者が「いかにも B&C 住設の人」というような人柄の良さがにじみ出ているときに、最も信頼が高いということがわかってきました。ブランディングの世界の言い方をすれば、従業員がブランドを「体現」していると顧客が感じたときに、最も信頼が高まるということです。そして、このエピソードにはコンプライアンス的な側面も含まれています。この顧客はいかにも B&C 住設らしい「決まり（約束）」を守る誠実な人柄に触れたことで、信頼が高まっているからです。
　従業員がブランド戦略としてのコンプライアンスを体現するには、ブランドやコンプライアンスに対する深い知識と共感が不可欠です。その上で、組織が行っている事業や自身の仕事が、どのように人々の生活を良くすることに繋がっているのか、どのように社会に影響を与えていくのか、そのストーリーに共感し、実践を繰り返すことでブランドが言動に宿るようになり、ブランドの体現者になるのです。こうして、ブランドやコンプライアンスに対する深い知識を獲得することで、従業員がブランドとコンプライアンスを体現し、その誠実さに共感した顧客の信頼度が高まるというストーリーが見えてきました。
　最後に行ったのは、課題の解決可能性についての検討です。当時 B&C 住設のコンプライアンス部門は、知識の拡充はそれほど難しいタスクではないので、解決が容易な課題であると考えました。ところが、現業部門の従業員からは以下のような厳しい意見が寄せられたのです。

　日常業務が忙しすぎて、じっくりものを考えたり法令を勉強したりする暇がないのが現状です。最近もお客様から難しい質問を受けて、適切な答えがすぐに出てこなかったことがあり、悔しい思いをしました。
　お客様からの信頼を得るためには、法令やコンプライアンスの知識が重要だとわかっているのですが、日々の業務に追われて勉強する時間が取れま

第3章
ブランド戦略としての
コンプライアンスのグランドデザイン

せん。どうすれば効率的に知識を拡充できるのか、今はその答えが見つからずに悩んでいます。

ここにきて、この課題の本質は人手不足であることが明らかになりました。現業部門で働く人々が前例踏襲的に既存のルールに従っているのは、法令やルールに興味が無いとか思考停止的にルールに従う方が楽だから、ということではなく、そもそもじっくり考える時間が無かったからだったのです。このことは、これまでコンプライアンス部門が多くの時間とリソースを割いてコンプライアンスの大切さを社内発信しても、今一つ手ごたえが感じられなかった理由もここにあったのか、と大きな気づきになりました。

人手不足の問題は、解決が非常に難しい問題です。人事戦略はコンプライアンス部門だけが決められるものではないですし、仮に大量採用などで人員を増やしたとしても、仕事の見直しや育成には一定の時間がかかるため、実際に現場が負担軽減を実感できるのはかなり先になることでしょう。人手不足の問題が解決困難であれば、この課題解決のためにリソースを割くべきではないということになります。

この点について、コンプライアンス部門内では人手を増やすことは難しいかもしれないが、現行の業務の中にブランディングやコンプライアンスの知識拡充のための取り組みを上手く紛れ込ませることで、課題を解決していくことにしました。例えば、B&C住設ではパーパスの浸透のための研修が追加されており、そこに少しだけコンプライアンスの要素も入れるであるとか、イントラネットを通じた社内キャンペーンでコンプライアンスとブランド理念について知ってもらうなどのアイデアも出ました。さらに、既存のコンプライアンス研修を「じっくりものを考える時間」に変えるという案も出ました。

人手不足のさなか、コンプライアンスに触れる時間の量を増やすのは難しくとも、コンプライアンスに触れる時間の質を向上させることによって、課題を解決することは可能だろう、ということでこの課題を解決すべき課題に設定することになりました。

4 打ち手とリソースの配分を考える

(1) 打ち手の選択

　解くべき課題が明確になったら、具体的な打ち手を考えていきます。打ち手についても課題解決に最適な手法を選ぶ必要があります。なぜなら、リソースは限られており、コンプライアンス部門のメンバーのスキルによってできることとできないことがあるからです。

　他方で、できることだけをやるのでは、新しい課題に対処できません。適度に新しいことに挑戦し、スキルアップを図ることで、できることを増やしていく必要があります。例えば、コンプライアンスの打ち手というと真っ先に浮かぶのが研修でしょう。たしかに研修は有効な打ち手の一つであり、工夫次第で多くの課題を解決できます。しかし、研修には限界があります。研修は知識を習得してもらったり、瞬間的に気付きを得てもらったりすることは得意ですが、継続的に社内外に働きかけることは苦手です。

　このように、コンプライアンスに限らず打ち手には得手不得手があります。すべての問題を解決できる魔法のような打ち手などというものは存在しないのです。したがって、課題解決の打ち手を複数用意しておき、解くべき課題に応じて使い分けたり組み合わせたりすることが必要になります。

　また、組織を巡る状況は常に変化しています。例えば、新型コロナウイルス感染症（COVID-19）のパンデミックによって対面での研修が難しくなった時、多くの人々が慣れないオンライン研修の企画や実施に四苦八苦したことでしょう。このように、個別の打ち手も状況の変化によって従来の方法が通用しなくなることがあります。個々の打ち手も進化していく必要があるのです。

　このように書くと当たり前のように感じるかもしれませんが、日本的組織で

第3章
ブランド戦略としての
コンプライアンスのグランドデザイン

は、特定の打ち手にこだわり過ぎて他の打ち手を採用しなかったり、状況に合わせて打ち手の中身を変えることが苦手な側面もあるようです。例えば、社会学者である戸部良一らの著書[注13]では太平洋戦争における日本軍の戦略的失敗要因の一つとして「狭くて進化の無い戦略オプション」を挙げ、下記の通り指摘しています。

> そもそもあらゆる状況に適合する戦略上の公理というものは存在しないはずである。その意味で戦略は進化すべきものである。進化のためには、様々な変異（バリエーション）が意識的に発生され、そのなかから有効な変異のみが生き残る形で淘汰が行われて、それが保持されるという進化のサイクルが機能していなければならない。

同書によれば、日本海軍における戦略の失敗の一つに「大艦巨砲主義」「艦隊決戦主義」のような特定の戦略を教条的に採用し、状況の変化には猛訓練によって練度が極限まで高まった兵員の超人的な能力によって対処するという手法が取られていました。こうした姿勢は、現代の日本的組織にも少なからず受け継がれているように感じられます。

ブランド戦略としてのコンプライアンスを成功に導くには、「コンプライアンスはかくあるべき」という先入観にとらわれることなく、様々な打ち手を柔軟に取り入れて、トライアンドエラーの精神で打ち手を進化させていく必要があると言えるでしょう。

ただ、研修以外の打ち手を検討すると言っても、例えば、一般的なコンプライアンス部門が、自前で社内キャンペーンを企画してポスターの制作・掲示やグッズ配布などを行うのは難しいでしょう。たまたまそのようなノウハウを持っているメンバーがいればいいのですが、「コンプライアンスのキャンペー

注13　戸部良一、寺本義也、鎌田伸一、杉之尾孝生、村井友秀、野中幾次郎著『失敗の本質　日本軍の組織論的研究』293頁（中公文庫、1991）

141

ンをやりたいからグッズのデザインをしてくれ」と言われたら私だったら途方に暮れてしまいます。個人や組織には、持っているスキルに応じて、できることとできないことがあるわけです。

　自分たちで実施することが困難な打ち手については、「失敗の本質」で触れられている猛訓練された超人的な兵員のように、日常業務をこなしながらデザインの勉強をして自身で対応するだけでなく、他者の手を借りることもできます。例えば、社内の他の部門と連携し、デザインのスキルを持つメンバーを巻き込んでポスターを作成してもいいですし、外部の専門家に依頼してキャンペーンをプロデュースしてもらうのも一つの方法です。効果的な打ち手（の組み合わせ）を選択するには、どのような打ち手を使えるのか、その選択肢を把握しておく必要があります。ブランド戦略としてのコンプライアンスでは、下記のようなマトリクスを使って組織が使える打ち手を整理していきます。

　はじめに、思いつく限りのコンプライアンスに関連する打ち手を書き出していきましょう。研修、トップメッセージ、行動基準の作成、何でも構いません。既に実施している打ち手だけでなく、これからやってみたいと考えている打ち手、他社で採用していると聞いたことがある打ち手、突如として閃いた突拍子もない打ち手、何でも構いません。このプログラムでは 10 分くらいの時間を決めて、もう何も出てこないというくらいまでアイデアを出していきます。アイデアは 1 つずつ付箋に記入していきます。アイデア出しでは、質より量を重視しますので、反論や反発があるかどうか、実現可能性があるかどうかは一切無視してもらいます。アイデアは最低でも 20 個〜 30 個は欲しいところです。

　アイデア出しをする際には、本章で紹介したインナーブランディングやプロモーションの打ち手も参考にします。それらの中からコンプライアンスの側面、特に「ステークホルダーの共感と信頼を得る」ことに役立ちそうなものをピックアップすることでさらなるアイデアを出していきます。「メンバーの家族向けにコンプライアンスを語るイベント」「コンプライアンスムービーを作って発信する」や「コンプライアンスクイズを作って配布する」などです。他の企業の事例を参考にすることも有効です。

第3章
ブランド戦略としての
コンプライアンスのグランドデザイン

　インターネット等を検索すれば、「社内コミュニティの中にコンプライアンスに関するコーナーを設け、情報や成功事例を定期的に共有する」「コンプライアンスに関するエッセイコンテストを開催し、優秀な作品を社内外に広報することで、従業員の積極的な参加を促す」などの事例が見つかるかもしれません。

　そうしてアイデアを出し切ったら、次は下記の図を使ってアイデアを3つのレベルに分類していきます。

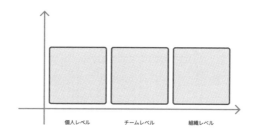

- 個人レベル：ここには、組織のメンバーが一人でも行える打ち手を分類します。例えば、コンプライアンス研修の感想を社内SNSに投稿する、自身の"クレド"（大切にする価値観や信念、行動指針を宣言の形式でまとめたもの）を作成するなどの打ち手が含まれます。
- チームレベル：コンプライアンス部門など、チーム単位で取り組む打ち手を分類します。コンプライアンス研修、ワークショップの開催や、チーム内勉強会やステークホルダーとの語らいの場の設置などが含まれます。
- 組織レベル：組織全体として取り組むべき打ち手をここに分類します。コンプライアンスポリシーの策定と周知徹底、コンプライアンスに関する外部評価の実施、内部通報制度の整備、コンプライアンスに関する取り組みの外部発信などが考えられます。

　次に、この図に縦に拡張し、9×9のマトリクスを作成します。縦軸は特に打ち手の実行可能性に焦点を当てています。実行可能性は上から下へと「できない」、「がんばればできる」、「すぐできる」の3つのレベルに分けます。これ

により、先ほど分類した打ち手たちが現状においてどの程度実行可能であるかを視覚的に把握し、打ち手のバリエーションを増やすために個人、チーム、組織にとって必要なものを検討することができるようになります。

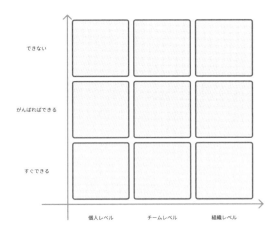

- できない：このゾーンには、現時点では実行が非常に困難な打ち手が含まれます。例えば、政治家に働きかけて法律を変える、経営陣の個人的価値観を変える、大規模AIを導入してメンバーのルール違反を監視させるなどです。このゾーンに配置された打ち手は、将来的な実行可能性を検討するために、継続的な評価や外部環境の変化を見守る必要があります。
- がんばればできる：ここには、現状では多少の努力やリソースの投入が必要ですが、実行可能な打ち手が含まれます。可能であれば分類された打ち手が「すぐできる」に移動するにはどんなリソースやスキルが必要なのかを併せて検討します。例えば、ワークショップやゲーミフィケーションを活用した研修の導入、他社の担当者や外部専門家を交えた定期的な情報交換会の開催、新たなコンプライアンス審査フローの導入などが考えられます。もし、既存の打ち手では課題解決が難しい場合には、このゾーンにある打ち手を優先的に検討し、具体的なリソース配分やタイムラインを決定します。

第3章
**ブランド戦略としての
コンプライアンスのグランドデザイン**

・すぐできる：このゾーンには、現状ですぐに実行可能な打ち手が含まれます。既存のリソースやスキルで実施可能なため、短期間で効果を上げることが期待できます。例えば、コンプライアンス研修、日常業務における現業部門との対話、インターネットや書籍を通じた情報収集などです。これらの打ち手を迅速に実行することで、即効性のある成果が期待できますが、「すぐできるから」「とりあえず」という安易な方針で打ち手を選択しないよう注意します。

打ち手の分類が終わったら、最後に打ち手を評価します。先ほど決定した現在優先的に取り組みたい課題との関係を注意深く見ながら、解決に直接的に役立つ、間接的に役立つ、役に立たなさそうという基準でそれぞれの打ち手を色分けしていきます。効果が薄そうな打ち手や、効果はあるが効果が出るまでにいくつものプロセスが必要なものを安易に選択しないようにします。

この９×９マトリクスは、打ち手の全体像を俯瞰しながら優先順位付けし、リソースを配分するべきかを明確にする手助けをします。これにより、短期的な実行可能性の高い打ち手を迅速に実施しつつ、中長期的な視点で困難な打ち手の実現可能性を段階的に高めていく戦略を策定することが可能になります。

このように、課題解決のための打ち手を選ぶ際には、自分たちのリソースとスキルを最大限に活用するため、新しい挑戦を効果的に取り入れられるよう計画することが重要です。これによって、ブランド戦略としてのコンプライアンスの効果を高め、取り組み全体の信頼性を高めることができます。

（2）リソースの配分を決める

次は、この打ち手にリソースを配分していきます。その前提として、まずは組織内のどこに、どんなリソースが存在しているのかを確認します。組織内にこのようなリソースの分析と管理を行っている人や部門がいる場合には彼らに相談すれば足りますが、もし存在しない場合には自分たちである程度の分析をして把握します。リソース管理を効果的に行うためには、以下のステップを踏

145

むことが重要です。

　まず、組織内のリソースをリストアップします。整理したいのはブランド戦略としてのコンプライアンスに役立つリソースですから、本章で検討した解くべき課題や打ち手との関係で活用が可能と思われるモノだけで十分です。リストには、リソースの所在、所有者、利用状況、フレキシビリティ（利用したい時にすぐ利用できるか）などを併せて記録しておきます。場合によってはリソースの分布を地図や図で視覚化することで、リソースの場所や配置を一目で把握できるようにしておきます。

　リソースは、コンプライアンス部門内にあるものだけでなく、他部門や組織外にあるものを広く記載しておきます。特に組織内にどのようなスキルを持っているチームがいるのか、付き合いのある弁護士や専門家がどのようなことができるのかを把握しておきます。例えば、ブランド戦略としてのコンプライアンスでは、広報部門との連携が発生することがありますから、彼らが持っている発信ツールや外部ステークホルダーとのコミュニケーションチャンネルなどを把握します。

　また、外部専門家については、それぞれの専門分野の能力はもちろんのこと、ブランド戦略としてのコンプライアンスのような新しいコンセプトに対応可能であるかについても分析し、評価をしておきます。これらのステップを組み合わせることで、組織内のリソースを効果的に把握し、最適な配分と効率的な利用を実現できます。リソース管理の効率化は、組織のパフォーマンス向上と持続的な成長に直結します。

（3）打ち手とリソース配分の具体例

　B&C住設のコンプライアンス部門では、「失敗に対する過度な恐れ：複雑化する社内ルールへの対応ミスを恐れるあまり、思考停止的に前例を踏襲し柔軟な対応ができていない。」という課題を、解決すべき重要なテーマとして掲げました。この課題を乗り越えるために、どのような打ち手が有効かを慎重に

第3章
**ブランド戦略としての
コンプライアンスのグランドデザイン**

検討することになりました。

　B&C住設のコンプライアンス部門は、法務部からスピンアウトした典型的な部門で、メンバーはわずか3人（赤井さん、解良山（けらやま）さん、捨川（すてかわ）さん）しかいません。他部門との交流も少なくアイデア出しは困難を極めました。しかし、ブランディングや人事など、関連分野が「ステークホルダーの信頼」を得るために行っている施策を参考にしながら、多くのアイデア出しを行いました。その時のブレインストーミングの様子を少しのぞいてみることにしましょう。

赤井さん：どんな小さなアイデアでも大歓迎なので、どんどん出していきましょう。

解良山さん：コンプライアンス部門でも何か社内キャンペーンを立ち上げてはどうでしょうか。

捨川さん：ポスターやグッズを使って、仕事の中で自然と目に入るようにするというのは、良いかもしれないですね。

解良山さん：グッズを配るのは初めての試みだけど、やってみる価値はあるよね。

赤井さん：新しい挑戦はリスクが伴うけど、それに見合う成果が得られるはずだよ。

捨川さん：いいアイデアばかりだけど、実行方法をしっかり考えよう。

　そこで、3人は先ほど紹介した9×9のマトリクスを使って、アイデアを「できない」「がんばればできる」「すぐできる」に分類して全体を俯瞰してみました。ホワイトボードには多くの付箋が貼られ、真剣にその内容を吟味しました。

　その結果、B&C住設が抱える課題の解決には、実は「研修のアップデート」というベーシックな打ち手が有効なのではないかという意見が出てきたのです。具体的には、これまでの研修がルールの最先端（最新事例など）ばかりに注目して説明していたのに対し、今後は「なぜそのルールができたのか」とい

147

うルーツに遡って深く考える内容の研修にするというものです。

赤井さん：この研修ならすぐに実現できそうだな。

捨川さん：この変更は、これまで私たちが培ってきた法令の知識をそのまま活かせそうですね。

解良山さん：この内容であれば、ルールの背景を知ることで、社員の法令遵守意識も高まるしいいんじゃないですかね。

赤井さん：早速、次の研修計画に取り入れましょう！

　また、「がんばればできる」の中で選ばれたのは、社内ルールができたストーリーをまとめて社内配信するという解良山さんのアイデアでした。

解良山さん：関係者にインタビューをして物語調でルールのルーツを語ることで、共感的に理解してもらえると思います。

捨川さん：インタビューのスケジュールを組むのは大変かもしれませんが、やってみる価値はありそうですね。

解良山さん：趣旨を理解してもらうための事前説明は私に任せてください。

　一方、「できない」に分類されたアイデアの中には、コンプライアンスの外部発信が含まれていました。たしかに、人数も少なく自前のステークホルダーとのコミュニケーション手段を持たないコンプライアンス部門には、ハードルが高い打ち手です。

捨川さん：今すぐは無理でも、少しずつ情報やノウハウを蓄積していけば『がんばればできる』ゾーンに移動させることができるのではないでしょうか。

赤井さん：まずは社内で成功事例を作り、それを基に外部発信を進めていきましょう。

第3章
**ブランド戦略としての
コンプライアンスのグランドデザイン**

　B&C 住設のコンプライアンス部門は、リソースの限界を理解しつつも、柔軟な思考と新しい挑戦を取り入れることで、課題解決に向けた具体的な打ち手を見つけ出しました。ブレインストーミングセッションの最後には、全員が一体感を感じ、次のステップに向けた意欲を高めました。B&C 住設ではホワイトボードと付箋を使った簡単なワークショップを使って、打ち手の決定とリソースの配分を行いました。

　ブランド戦略としてのコンプライアンスでは、このようなワークショップ（個人で行ってもらうものもあれば、チームや組織単位で行うものもあります）をしばしば活用します。ワークショップを成功に導くにはいくつかの注意点があります。それらを意識し事前準備を入念に行った上で、ワークショップに臨みます。

　はじめに、安全で開かれた環境を作ることが重要です。心理的安全性を確保し、参加者が自由に意見を言える雰囲気を作ることが必要です。参加者が自分の意見を表明する際に否定的なフィードバックを避け、建設的なフィードバックを心がけることで、創造的で多様なアイデアが出やすくなります。特に注意しなければならないのは、「でも」「だって」「そうは言っても」というような、相手の意見を否定する言葉を使わないようルールで決めることです。

　これは偏見かもしれませんが、私の周囲にいる法律のバックグラウンドを持つ人々は、アイデア出しの場で「でも」という言葉でツッコミを入れてくることが非常に多いです。本人にそのつもりはなくとも、この種の言葉で対話を始めると、相手は自身の意見を否定されたと受け止め、自由な意見を言うことを躊躇するようになります。特に、「でも」を目上の人や、専門知識を多く持っている人が使う場合はその傾向が顕著になります（今、これを読んで心の中で反射的に「でも」と思った人、要注意です）。

　ワークショップの本などを読むと、ワークショップ、特にブレインストーミングなどの場合には "no, because" や "yes, but" のコミュニケーションは避け、"yes, and" を使ったコミュニケーションを推奨するものが多いです。"yes, but" は、一見、相手の意見を肯定しているように見えますが実体は否

149

定です。「今度食事でもいかがですか？」「良いですね、でも、最近忙しいので今は無理です」という具合です。

　これは、「反対意見を言うな」という意味ではありません。アイデアを出す場面においては、アイデアの数を出すことと、多くの人が意見を言いやすくすることが大切であるということです。ブランド戦略としてのコンプライアンスのワークショップは、相互理解や協力してアイデアを出す「対話型」のワークショップと、論理を戦わせて結論・決断を行う「議論型」のワークショップとがあります。"yes, and" は特に前者のワークショップにおいて重要なテクニックです。

　次に、ワークショップの目的とゴールを明確に設定します。具体的なテーマを設定することで、参加者が集中しやすくなり、質が高いアイデアや有意義な意見が出やすくなります。反対に、ワークショップにおいて明確なテーマを設定しないと、様々な問題が生じます。

　まず、参加者は何を話せばいいか不安になり混乱を招いたり、話が広がりすぎて焦点が定まらず、効果的な対話が難しくなります。例えば、「会社のコンプライアンスの改善点について」といった漠然としたテーマでは、制度、知識、マインドセットから組織風土まで多岐にわたる話題が持ち出され、各分野の議論が浅くなってしまいます。これにより、時間の無駄が生じ、ワークショップの効率が大幅に低下します。また、仮に何らかの結論じみたものに到達したとしても、それに基づく具体的なアクションプランを立てることが難しくなり、実行可能性が低下します。

　さらに、多様な意見を引き出す工夫も欠かせません。例えば、ブレインストーミングやマインドマップなどのアイデア出しの手法を取り入れることで、異なる視点からの意見が出やすくなります。ペアワークや小グループディスカッションを取り入れることで、全員が発言しやすい環境を作り出します。これにより、参加者がリラックスして意見を出し合い、異なる観点からの洞察を得ることができます。

　効果的なファシリテーションも重要です。中立的なファシリテーターを配置

第3章
ブランド戦略としての
コンプライアンスのグランドデザイン

することで、特定の意見に偏らず、公平に意見を引き出すことができます。赤井さんはコンプライアンス部長ですが、部下が委縮しないように配慮する姿勢を見てとることができます。ファシリテーターは議論の流れを見守り、必要に応じて議論を促進する役割を果たします。

　赤井さんが行ったように出されたアイデアを可視化することも有効です。ホワイトボードや付箋を活用して、出された意見を見える形で整理することで、議論の流れがわかりやすくなり、新たなアイデアが生まれやすくなります。オンラインホワイトボードなどのデジタルツールを活用して、リアルタイムで意見をまとめる方法も効果的です。これにより、参加者全員が進行状況を把握しやすくなります。

　最後に、フォローアップを忘れないことが重要です。ワークショップ後に出された意見やアイデアがどのように実現されるかをフォローアップすることで、参加者の意見が重視されていると感じ、次回以降の参加意欲が高まります。参加者は自分の意見が組織の成長に寄与していると感じることができるわけです。

　ワークショップの技術は決して属人的なものではありません。天性の才能などなくとも、適切な準備と進行を心がけることで誰でも質の高いワークショップを運営することができるようになります。ワークショップの技術は、ブランド戦略としてのコンプライアンスに限らず、仕事の様々な場面に役立つスキルだと言えます。

5 戦略の評価と分析

　最後のプロセスは、戦略の評価と分析です。定期的かつ体系的な評価を行い戦略の実施の効果を評価することで、戦略がどの程度成功しているか、どの部分が改善の余地があるかを明確にし、組織の成長と持続的な成功を確保するための具体的なアクションを導き出すことができます。

　評価の方法の1つに、KPI（Key Performance Indicator＝重要業績評価指標）による評価があります。これは、組織の戦略や目標の達成度を測るための具体的な指標を設定し、その指標をモニタリング・分析することで業績の評価や改善を行う手法です。KPIは、組織のパフォーマンスを定量的に評価するためのツールとして広く用いられています。

　KPIの評価には多くのメリットがあります。まず、目標の明確化が可能となり、全員が統一された目標に向かって努力することができるようになり、モチベーションも高まります。これは、達成目標が明確であるほど、従業員は自己の役割と成果を意識しやすくなるためです。

　また、具体的で測定可能な指標を用いることで、組織のパフォーマンスを客観的に評価することが可能となります。これにより、進捗状況を定量的に把握し、成果を評価できます。さらに、KPIのデータは経営陣が戦略的な意思決定を行う際の重要な情報源となり、データに基づく意思決定により、効果的な戦略の修正や改善が可能になります。

　KPIの評価手法としては、まずKPIを設定し、組織の目標に基づく具体的な指標を選び出します。その後、目標値を定め、定期的にKPIを測定・報告します。これにより、進捗状況を把握し、結果に基づき戦略の調整や改善を行います。データソースを特定し、定期的にデータを収集する方法を確立することも重要です。自動化されたデータ収集システムを導入することが望ましいです。

第 3 章
ブランド戦略としての
コンプライアンスのグランドデザイン

　次に、定期的なモニタリングと分析を行い、KPI の進捗状況を把握します。集めたデータを分析し、目標達成度を評価します。さらに、フィードバックを基に、必要な改善策を実施し、戦略やプロセスを見直し、効果的な対応を行います。定期的に KPI の設定や目標値の適切性を評価し、必要に応じて見直し、環境の変化や組織の成長に合わせて KPI を更新することも必要です。

　コンプライアンスはその成果を KPI で把握することが難しいと言われることがあります。たしかに、コンプライアンスの成果は目に見えにくく、アンケート等によって定性的に把握することはできても定量的に把握することは難しく見えます。そもそも「コンプライアンスの成果とは何か」が不明確だからという側面もあるでしょう。

　ブランド戦略としてのコンプライアンスでは、その目的を「ステークホルダーからの信頼と共感を得て競争優位を獲得し、組織が持続的に成長し利益を享受すること」であると定義しました。つまり、ブランド戦略としてのコンプライアンスの成果とは、ステークホルダーから信頼や共感を得ているか、競争優位を獲得しているかで測ることが可能です。

　例えば、外部ステークホルダーからのブランドに対する共感度を測るための KPI としては、ブランド認知度、ブランド好意度、ブランド信頼度などがあります。これらの指標を定期的な市場調査やアンケートを通じて測定し、組織の「決まり」を守る誠実さが広く認識され、好意的に受け取られ、信頼されているかを評価することができます。

　また、SNS のエンゲージメントも有効な KPI です。企業の SNS アカウントに対する反応を分析することで、組織の誠実さへの共感度を反映します。顧客ロイヤルティも重要で、リピート購入率や顧客ライフタイムバリューを測定することで、顧客が企業に対してどれだけ忠誠心を持っているかを評価します。

　他にも、顧客が組織のプロダクトを他者に推薦する可能性を示すネットプロモータースコア（NPS）を分析することで、誠実な姿勢への共感度を間接的に示すことができる可能性もありますし、コミュニティエンゲージメントスコアを通じて、企業の社会貢献活動に対する地域社会の反応を評価し、企業理念

153

の社会的受容度を測ることもできるでしょう。また、PR活動のメディアカバレッジの量と質を分析することで、誠実な企業姿勢がどれだけ効果的に伝わっているかを評価できます。

　ステークホルダーからの共感と信頼を把握するためのKPIには様々なものがあります。ブランド戦略としてのコンプライアンスでは、こうした既存のKPIを活用したり、「誠実な企業姿勢」という要素を加えて調査をしてもらうなどの"味付け"をすることによって、成果を評価していきます。

　本章では、ブランド戦略としてのコンプライアンスのグランドデザインについて見てきました。戦略のグランドデザインとは、組織の長期的な目標達成に向けた全体像を描く包括的な計画のことで、組織全体がビジョンを共有し、一体となって目的達成に向かうための道筋を示し、各部門やメンバー個人の具体的な行動を統一する役割を果たします。グランドデザインの重要性については、多方面で指摘されています。

　最後に、以下の言葉^{注14}を引用して本章を終えたいと思います。

　　いかなる軍事上の作戦においても、そこには明確な戦略ないし作戦目的が存在しなければならない。目的のあいまいな作戦は、必ず失敗する。作戦目的の多様性、不明確性を生む最大の要因は、ここの作戦を有機的に結合し、作戦全体をできるだけ有利なうちに集結させるグランドデザインが欠如していたことにあることはいうまでもないであろう。

....
注14　戸部・前掲『失敗の本質　日本軍の組織論的研究』274頁

第4章

ブランド戦略としての
コンプライアンスの実施

ブランド戦略としての
コンプライアンス実施の全体像

　第3章では、ブランド戦略としてのコンプライアンスのグランドデザインとして、目的の定義と現在地分析を通じて解決すべき課題を決定し、そのための具体的な打ち手の検討を行いました。

　本章では、検討した戦略の実施に焦点を当てます。具体的には、第3章で吟味した打ち手を第2章で紹介した統合フレームワークに沿って配置し、既存のコンプライアンスおよびブランディングの各打ち手と有機的に繋げていきます。これにより、両者のシナジー効果を最大化し、「決まり」を守って誠実にビジネスを行うことを、ブランド価値の向上という組織の利益へと繋げていきます。

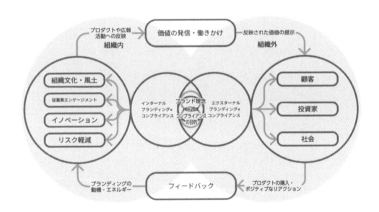

　まず、ブランド戦略としてのコンプライアンスの「擬人化」です。具体的には、グランドデザインで定義した目的を基に、「もし、自社のブランド戦略としてのコンプライアンスが人間だったら、どのような考えを持ち、どのような語り口で振る舞うか」などの設定を作成します。擬人化によって、メンバーが

第4章
ブランド戦略としての
コンプライアンスの実施

とるべき言動の指針が明確になり、一貫性が生まれます。この擬人化されたブランド戦略としてのコンプライアンスが、組織のあらゆる活動において中心的な役割を果たします。

　次に、統合フレームワークに配置した既存のコンプライアンスの打ち手を、ブランドのタッチポイントとしてデザインし直します。具体的には、目的が曖昧だったり、ルール遵守が自己目的化しているような打ち手がある場合、ブランド戦略としてのコンプライアンスの視点から目的を再定義し、内容を見直します。「決まり」を守ることが顧客やステークホルダーにとってどのような価値を生むのかを明確にするわけです。例えば、製品の安全性を確保するためのルールは、顧客に対する安全性の約束を守ることであり、それが顧客の信頼を獲得する手段であることを明記するなどです。

　さらに、同様に統合フレームワークに配置した既存のブランディングの打ち手にもコンプライアンスの要素を組み込みます。具体的には、「決まり」を守る誠実な組織であるというメッセージをブランディング活動の中に統合し、再構成します。例えば、広告やマーケティングキャンペーンにおいて、製品やサービスの品質とともに、法令遵守の姿勢を強調することで、ブランドの信頼性を高めたり、Web サイトやソーシャルメディアでも、コンプライアンスに関する取り組みを積極的に発信するなどです。

　このようにして、ブランド戦略としてのコンプライアンスは、コンプライアンスの打ち手とブランディングの打ち手を統合し、コンプライアンスを単なるルール遵守から組織のパーパスを体現するものへと進化させます。これにより、組織内部の従業員だけでなく、外部の顧客や投資家、パートナーにも一貫したメッセージを伝えることができ、組織全体の信頼性と競争力が向上します。コンプライアンスをブランド戦略の一環として捉え直し、具体的な手法を実施することで、組織は持続可能な成長を実現し、経済的利益を享受することができるのです。

　それでは、各プロセスについて順に見ていくことにしましょう。

2 ブランドを擬人化する

（1）ブランドの擬人化とは

　ブランディングを効果的に進める手段の一つとして、ブランドを擬人化があります。これは、「もしブランドが人だったらどんな人なのか」という人物設定を考えることで、ブランドを明確にしたりブランドらしい打ち手を考えるための手法です。マーケティングの技法の中に「ペルソナマーケティング」というものがありますが、それと似ています。

　ペルソナマーケティングは、プロダクトやサービスの典型的なユーザー像（ペルソナ）を具体的に描きながらマーケティングを行う手法のことです。ブランドの擬人化も同様に、ブランドを人に例えてその性格や行動様式を明確にし、組織全体で共有することを目的としています。

　擬人化の最大のメリットは、ブランドの具体的な言動をイメージしやすくなることです。ブランドの背後にある「人の想い」は人間の五感では知覚できないものです。これを私たちが五感で知覚できる3次元世界に投影したのがブランドであり、投影する行為がブランディングです。第2章、第3章では、私たちが知覚できない「想い」をブランド理念という形で言語化・見える化してきましたが、より多くの人々と「想い」を共有し共感を得るためにはさらにブランディングを進めて、より具体的にブランドの姿を明らかにする必要があります。そのために有効なのが擬人化です。

　擬人化により、組織のメンバーがブランドらしい言動やスタンスを自然に共有し、一貫した行動を取ることができます。例えば、ブランドが誠実で親しみやすい人物像であれば、顧客対応においてもそのような態度を取ることが期待されます。この一貫性が、顧客やステークホルダーに対する信頼感を高めます。

第4章
ブランド戦略としての
コンプライアンスの実施

　さらに、擬人化はステークホルダーとのコミュニケーションを容易にします。ブランドがどのように他者と関わるかを具体的にイメージできるため、困っている顧客にどのような口調で何を語りかけるべきか、またコンプライアンス違反などの緊急時にどのように振る舞うべきかが明確になります。これにより、ブランドの対応が一貫して誠実かつ信頼できるものとなり、ブランドイメージの向上に繋がります。

　ブランディングにおけるブランドの擬人化には様々な手法があり、人物設定の項目も千差万別です。ブランド戦略としてのコンプライアンスでは、ブランドコンサルタントの上條氏の著書で紹介されている人物設定項目[注1]を参考にしながら、「心」、「頭」、「言葉」、「装い」の４つの項目に分類して擬人化を行っていきます。

　ブランドの「心」とは、その根底にある価値観や信念を指します。これは企業理念、経営理念、行動指針などに表れます。ブランド戦略としてのコンプライアンスにおいては「ブランド理念」「コンプライアンスの目的」「パーパス」がここに含まれます。「心」は時代や状況によって変化することのない普遍的な価値観であり、ブランドの全ての活動において指針となり、組織全体に一貫性をもたらします。

　ブランドの「頭」は、ブランドが長期的に目指す姿を示すブランドビジョンです。ブランドビジョンは、ブランド理念から導かれる具体的な「ありたい姿」であり、時代や状況によって変化します。ブランド戦略としてのコンプライアンスにおいては、各組織にとって「ステークホルダーから共感と信頼を得ている状態」を具体的にイメージ化したものです。

　ブランドの「言葉」とは、ブランドステートメント、スローガン、タグラインなどを指します。これらは、ブランドのメッセージを簡潔かつ強力に伝えるための手段です。ブランド戦略としてのコンプライアンスにおいては、コンプ

注1　上條憲二著『超実践！ブランドマネジメント入門　愛される会社・サービスを作る10のステップ』200〜203頁（ディスカヴァー・トゥエンティワン、2022年）

ライアンスのコンセプトおよびそれに基づく一連の言動および社内規則や研修、契約書など社内外に向けたアナウンス等における言葉を指します。ブランド戦略としてのコンプライアンスの価値観とビジョンを具体的な言葉で表現し、社内外のステークホルダーに対するブランドの約束を明確にします。

　ブランドの「装い」とは、ブランドのトーン・オブ・ボイスやビジュアル・アイデンティティなどのトーン＆マナーを指します。これはブランドが社内外のステークホルダーからどのように見え、どのように感じられるかを決定する要素になります。例えば、ロゴ、カラーシーム、フォント、デザインスタイルなどの視覚的な要素から、語り方や声色、においや触り心地、味、立ち居振る舞いや雰囲気といった五感で知覚されるあらゆる要素が含まれます。

　ブランド戦略としてのコンプライアンスにおいては、コンプライアンス担当部門を含む組織のメンバーの立ち居振る舞いや口調、社内規則や研修資料のデザインや言葉遣い、社内外に向けたアナウンスの雰囲気などに影響します。

　ブランドを擬人化することで、具体的な言動やスタンスが明確になり、組織全体で共有しやすくなります。これにより、ブランド戦略が成功し、顧客やステークホルダーからの信頼を築く基盤となります。擬人化されたブランドは、顧客にとって親しみやすく信頼できる存在となり、長期的な関係構築に寄与します。ブランドの心、頭、言葉、装い、そして世界観に焦点を当てた具体的な手法を実践することで、ブランドの価値を最大限に引き出すことができます。

　擬人化の究極の形が、ブランドのキャラクターやマスコットです。例えば、キウイブラザーズ[注2]は、ニュージーランドの農園で生まれ育ったという設定で、日本の店頭に登場しました。ゼスプリのキウイの素晴らしさをアピールするために、バナナ先輩、りんご先輩、オレンジ先輩などの愉快な先輩フルーツたちと共に活躍しています。キャラクターたちは、親しみやすさと健康志向を兼ね備えたデザインとストーリーで、多くの消費者に訴求することを目的としてい

....
注2　ゼスプリ・インターナショナルジャパン株式会社「キウイブラザーズと CM」(https://www.zespri.com/ja-JP/kiwibrothers/index)

ます。

　キウイブラザーズは、SNS や CM を通じて積極的にプロモーションされました。ゼスプリはキャラクターを使って健康的なライフスタイルを提案し、キウイフルーツの栄養価や美味しさを強調することで、多くの消費者にアピールしました。キウイブラザーズのキャラクターは、消費者の心を掴み、特に SNS では多くの「いいね」やシェアを獲得しました。CM では、彼らの冒険や日常を描くストーリーが展開され、視聴者に親近感を与えました。この結果、キウイブラザーズは多くの消費者に愛される存在となり、ゼスプリの売上にも大きく貢献しました。

　もちろん、ゼスプリのように魅力的なキャラクターを作れればしっかりとした人物設定をすることで擬人化は効果を発揮します。例えば、高級自動車ブランドが「誠実でエレガントな紳士」として擬人化されるのであれば、このブランドの従業員は、顧客とのやり取りにおいて常に丁寧で落ち着いた態度を取ることが求められます。顧客が困ったときには、落ち着いた口調で解決策を提示し、誠実に対応します。さらに、広告キャンペーンやマーケティング素材にも、この紳士的なイメージが反映され、ブランド全体の一貫性が保たれます。

　また、ファミリーレストランチェーンが「元気で親しみやすい家族の一員」として擬人化される場合、従業員は明るくフレンドリーな態度を心掛け、家族連れの顧客に対して温かいおもてなしを提供します。緊急時には迅速かつ親身になって対応し、顧客の安心感を高めます。

　このように、擬人化されたブランドは、顧客とのあらゆる接点において一貫した体験を提供することができます。こうしたキャラクターに、「決まり」とどのように向き合うのか、それをどのように内外に対して語るのか、その振る舞いはどうなのかを加えていくのが、ブランド戦略としてのコンプライアンスにおける擬人化です。

　ブランドが大切にする価値観やビジョン（「心」や「頭」）に基づき、ブランドらしい言動（「言葉」や「装い」）によって「決まり」を守る誠実な姿勢を表現することは、法律やルールによって言動を統制されるよりも遥かに前向きで

自然な行動です。ブランドを擬人化すること、そしてそこに「決まり」との向き合い方を組み込むことで、ブランドとの関係においてコンプライアンスに対する具体的な言動やスタンスが明確になり、組織全体で共有しやすくなります。

　ブランド戦略としてのコンプライアンスにおいて、擬人化されたブランドは、個々の打ち手を有機的に繋げるハブであり、全ての打ち手を擬人化されたブランドと細部まで矛盾なくデザインしていきます。

（2）ブランドの擬人化の具体例

　さて、ここからは B&C 住設がブランドを擬人化していく様子をのぞいてみることにしましょう。登場人物は第 3 章と同じ赤井さん、解良山さん、捨川さんの 3 人です。

赤井さん：さて、今日は B&C 住設を擬人化するというテーマでディスカッションを進めていきたいと思います。B&C 住設が人だったらどんな人か？ということを考えてくわけですが、いきなりはちょっと難しいと思いますので、逆に「B&C 住設がこんな人だったら絶対嫌だ」という逆の人物像から考えてみましょう。

捨川さん：一番嫌なのは、約束を守らない人物ですね、信頼が重要な価値観である B&C 住設にとって、約束を守らないというのは致命的です。

解良山さん：私もそう思います。例えば、納期が遅れたのに知らん顔をしていたり、平気で基準を無視したりする人物は、B&C 住設らしくないですね。信頼関係が崩れてしまいます。

赤井さん：ここは異論無さそうですね。お客様との約束を守るというのは B&C 住設が昔から大切にしている価値観ですからここをないがしろにしては B&C 住設の一番の良さが無くなってしまいます。他にはどんな人物像が B&C 住設らしくないと感じますか？

捨川さん：現状維持、前例踏襲的で変化を恐れる人物も B&C 住設らしくあり

第4章
ブランド戦略としての
コンプライアンスの実施

ません。B&C 住設は常に革新を追求していますから、新しいアイデアや技術を取り入れることに消極的な人は合わないでしょう。

赤井さん：たしかに、最近の B&C 住設を見ていると、新しいソフトウェアの導入を拒んだり、新しいマーケティング戦略に対して否定的な意見ばかりを言う人は、B&C 住設らしくないとも言えそうです。以前の B&C 住設はちょっと保守的なところもあったので、私は絶対に嫌だという感じまではしないのですが…。

解良山さん：変化を恐れる人というよりは、他人の建設的な意見に対して批判ばかりで言っている人とか、仲間の挑戦に敬意を払わない人という感じかもしれないですね。今より保守的だった時代も、皆仲間の挑戦には敬意を払っていたように思います。

赤井さん：解良山さん、フォローありがとうございます。たしかに、仲間の挑戦に敬意を払わない人物は B&C 住設らしくないと言えそうです。他には何かありますか。

解良山さん：顧客のニーズを無視する人物も B&C 住設らしくありません。顧客の声に耳を傾けず、自分本位な対応をする人は B&C 住設っぽくないですよね。例えば、お客様が抱えている心配ごとに寄り添わず、勝手な解釈に基づく自己満足的な対応をしてしまう人物とかでしょうか。

捨川さん：それと、お客様の声に真摯に向き合わない人も B&C 住設っぽくないですよね。良い意見にしか耳を傾けず、批判を無視してしまうなどです。お客様のお叱りの声にもしっかり耳を傾けてきたからこそ、今日の B&C 住設があると思います。

赤井さん：それで言うと、問題が発生した時に責任を他人に押し付けたり、嘘をついて事実を隠そうとするような行動を取るというのも B&C 住設らしくない行動ですね。私も若いころ、誰にでも失敗はある、失敗しないことよりも失敗から学ぶことの方がはるかに大切だということを先輩から言われたことがありました。

解良山さん：ここまでの意見をまとめると、B&C 住設らしくない人物とは、

163

約束を守らなくとも平気な顔をしていて、他人の挑戦には文句ばかり言い、独善的でお客様の声に耳を傾けず、自分が失敗したら他人のせいにして逃げてしまう人物、でしょうか。たしかにB&C住設がこんな性格の人ばかりの組織だったら働きたくないですね。

赤井さん：ここまでの議論を見ていると、みんなB&C住設が大切にしている価値観とか、これまで培ってきた歴史のようなものに反する人格だと嫌だと感じるみたいですね。そうだとすれば、この「嫌なB&C住設」の真逆の人格がB&C住設らしい人格のヒントになりそうです。

捨川さん：えーと、約束を守ることに真剣で、他人の挑戦を応援し、周囲の声をよく聞く責任感の強い人物というところですかね。たしかにB&C住設っぽい気もします。

赤井さん：この人物像をベースにして、もう少し具体的なイメージを膨らませていきましょう。B&C住設が大切にしている価値観にはどのようなものがあるでしょうか。

捨川さん：そうですね。B&C住設のスローガンである「信頼は揺るがない、革新は止まらない」が示すように、私たちが最も重視しているのは信頼と革新です。お客様との信頼関係を第一に考え、同時に新しい技術や方法を取り入れて革新を続けることを目指しています。

赤井さん：ありがとうございます。では、その価値観を反映した人物像を考えてみましょう。B&C住設の性格や、言動、見た目や立ち居振る舞いなどはどんなものでしょうか。

捨川さん：誠実で親しみやすい人物というイメージでしょうか。真面目なのだけれど、新しいことに挑戦する熱い想いを持っている人だと思います。

解良山さん：私も、お客様とも気さくに話ができる人というイメージはありますね。お客様に対していつも感謝の気持ちを持って接していると思います。例えば、『いつもありがとうございます。』という言葉が口癖になっているとか。

赤井さん：緊急時における冷静で頼りがいのある対応ができる、というのもあ

ると思います。いつもは気さくだけれど、ここぞと言うときにはビシッと筋を通すというイメージですね。見た目や語り口調など、全体の雰囲気はどんなイメージでしょうか。

解良山さん：派手過ぎず、落ち着いたこぎれいな装いだと思います。原色系の色というよりは淡いトーンのイメージでしょうか。物腰は柔らかくてフレンドリーだけど、敬語は丁寧に使う、そうですね、シャーロック・ホームズシリーズに出てくるワトソン博士みたいな感じでしょうか。

捨川さん：私はハリーポッターシリーズのハーマイオニーを想像してしまいました。作中年齢ではちょっと若すぎるので、歳を重ねたハーマイオニーというイメージです。

赤井さん：捨川さん、ハリーポッター好きですもんね。二人が挙げてくれたキャラクターはどちらもイギリス人なのが興味深いです。どちらのキャラクターも、優等生的なところがありつつも冒険に果敢にチャレンジしていくところが B&C 住設っぽいのかもしれないですね。

　B&C 住設では、赤井部長のリードによって、まず「最も B&C 住設らしくない人物像」について考え、そこから逆説的に B&C 住設らしい人物設定を考えていくという手法が取られました。擬人化の手法には、このほかにも組織のメンバーやステークホルダーにアンケート調査を行い、理想的と思われる言動を抽出する方法や、カスタマージャーニーマップを利用して顧客の理想的な体験から逆算して組織の人物設定を行う方法など様々な方法があり、組織の規模や事業の内容等によって適切な手法を選択し、組み合わせて擬人化を行っていきます。

3 打ち手を配置し、タッチポイントとしてデザインし直す

（1）タッチポイントとしての打ち手

　次に、既存のコンプライアンスの打ち手、第3章で考えた新しいコンプライアンスの打ち手、そして既存のブランディングの打ち手を、第2章で紹介した統合フレームワークに沿って配置し、打ち手に一貫性と相互の繋がりを持つようにデザインし直します。

　これまで見てきたように、ブランド戦略としてのコンプライアンスでは、コンプライアンスの目的をステークホルダーからの信頼と共感を得て、競争優位を実現することだと考えます。したがって、打ち手はすべてその目的の達成と明確な関連性を持つ必要があり、かつそのことが打ち手そのものから感じ取れる必要があります。

　打ち手同士に一貫性が無く、目的との関連性が不明確だとステークホルダーの体験価値が下がり、組織の事業活動に悪影響を与えることがあります。例えば、ある人が仕事で必要な資格を取得するために、資格スクールに加入する場合を考えてみましょう。

　SNS等で調べてみると、そのスクールは生徒に寄り添う姿勢で高い評価を得ており、カリキュラムも大変有益でスタッフも親切で信頼できると感じられるものでした。ところが、契約書をよく読んでみると、驚くほど学校本位の条件ばかりが記載されていました。例えば、契約解除の際に発生する高額な違約金や、サービス内容の一方的な変更が認められている条項などが含まれていました。これらの条件は、利用者であるその人にとって非常に不利であり、納得できるものではありませんでした。

　そこで、その人は契約担当者に問い合わせてみました。しかし、担当者は素っ

第 4 章
ブランド戦略としての
コンプライアンスの実施

気なく、「これはひな形ですから」「規則ですから」と繰り返すばかりで、その人の疑問や懸念に真摯に向き合ってくれませんでした。このような対応を受け、その人はますます不信感を抱くようになりました。最終的に、このような不親切で融通の利かない対応をする学校とは契約を結ぶべきではないと判断し、入学を止めることにしました。

　この例では、Web サイト等のタッチポイントで表現されている「生徒に寄り添う」「親切なスタッフ」というブランドの立ち居振る舞いと、契約締結段階における実際のスタッフの立ち居振る舞いとの間にギャップがあったことが、この顧客の体験価値を下げ、最終的に入学の取りやめに繋がってしまいました。

　契約リスクを低減するために組織内の「決まり」に従った結果、ステークホルダーの信頼を失う結果になってしまったわけです。しかし、組織はこのような結果を期待してブランディングやコンプライアンスを展開してきたわけではないでしょう。組織が意図していたのは親切さや生徒に寄り添う姿勢と、契約リスクの低減の両立だったはずです。

　このように、ブランディングとコンプライアンスの間にギャップがあると、かえってステークホルダーの共感と信頼を損なうことがあるのです。ブランド戦略としてのコンプライアンスでは、こうした事態を避けるため、そしてコンプライアンスを含むすべての打ち手がステークホルダーの信頼と共感、それによる競争優位の役に立つようにデザインし直すわけです。

　デザイン再検討の候補としては、そのほかにも、誰が何のために作ったのかが忘れ去られ「謎ルール化」した社内規則や、「研修を毎年やること」が自己目的化している研修、ひな形に追従するだけでブランドの「言葉」への配慮が無い各種のステートメントなどがあります。また、これらのように明らかに問題があるものでなくとも、ほんの少しブランドに配慮したり、擬人化したブランドの言動に合わせることで既存の打ち手への共感を高めることができます。

　ブランド戦略としてのコンプライアンスでは、「神は細部に宿る」の言葉通り、細部までこだわってデザインを進めていきます。第 2 章で紹介したように、ブ

167

ランド戦略としてのコンプライアンスでは、既存のものを含めたコンプライアンス由来の打ち手をすべて「ステークホルダーとブランドのタッチポイント」だと考え、組織とステークホルダーとのコミュニケーションとしてデザインします。例えば、社内規則や研修は組織のメンバーという社内のステークホルダーとのタッチポイントであり、Web サイトに記載するトップメッセージや、統合報告書に記載するコンプライアンスの取り組みは顧客や投資家といった社外ステークホルダーとのタッチポイントです。

　また、ブランディング由来の打ち手についてもコンプライアンスのコンセプトを反映し、ステークホルダーの信頼と共感を得る手段として、組織の「決まり」を守る誠実さを伝えられるようにしておきます。例えば、自社の Web サイトに記載されているメッセージの中に、「決まり」を守る誠実さについても書き込む、ブランドブックや社内キャンペーンの中でブランドとコンプライアンスの関係について語る、広告や顧客向けのイベントで組織のルールに対する姿勢をアピールするなどです。

　以下では、コンプライアンス、ブランディングそれぞれに由来する代表的な打ち手のデザインについて考えていくことにします。

（2）インターナル・ブランディングとしての打ち手

　インターナル・ブランディング×コンプライアンスには、組織内に向けた打ち手が配置されます。コンプライアンス由来の打ち手としては、経営層の組織内向けたメッセージ（いわゆるトーンアットザトップ）、行動基準や倫理基準とそれに紐づく社内規則等のルール、内部通報制度などの相談制度、コンプライアンス研修およびメンバー同士の対話、各種の社内アナウンスなどが挙げられます。

　ブランディング由来の打ち手としては、経営層の組織内に向けたブランドメッセージ、ブランドブックやコミュニケーションガイドライン、ブランドセミナーやワークショップ、各種の組織内に向けたキャンペーン（印刷物や映像

第4章
**ブランド戦略としての
コンプライアンスの実施**

を使ったものを含む）などが挙げられます。

　こうして改めて並べてみると、コンプライアンスとブランディングの打ち手はもともと共通点があることがわかります。特に、コンプライアンスとインターナル・ブランディングは、どちらも組織の価値観をメンバーに伝え、浸透させていく、あるいはコンコーダンス的な視点から言えば、組織のメンバーが価値観を自ら創り出していく活動であるという点は同じです。したがって、ここでは類似する活動についてまとめて見ていくことにします。

①経営層のメッセージ

　一般に、コンプライアンスにおける経営層のメッセージ、いわゆるトーンアットザトップ（Tone at the Top）とは、企業の倫理的文化を形成し、全体の行動規範に大きな影響を与える経営層のリーダーシップと方針を指します。経営層が示す高い倫理基準と模範的な行動は、全社的なコンプライアンス意識の浸透を促進し、法令遵守や不正行為の防止、組織の信頼性向上に寄与するとされます。

　具体的な内容としては、まず、経営層は明確な倫理基準と行動規範を設定し、それを全従業員に徹底して周知します。経営層自身がこの基準を厳守し、模範を示すことも重視されます。次に、経営層は定期的にメンバーとの対話を行い、組織の方針や期待する行動を直接伝えることで、組織全体の倫理的文化を強化します。この対話は直接対話のほか、メッセージ映像の配信、全体訓示、社内報の発行などによっても行われます。

　インターナル・ブランディングにおける経営層の組織内に向けたメッセージは、組織内部でメンバーがブランドの価値や理念を理解し、ブランドの「語り部」となるための打ち手であると説明されます。経営層が率先してブランド理念について語ることで、組織のメンバーはブランドらしい言動について理解し、一貫した行動を取ることができるようになり、このことがステークホルダーからの信頼に繋がると説明されます。

　具体的な内容としては、経営層はまず、ブランドの理念や目指すべき未来像を明確にし、キャッチーなフレーズで表現します。また、メッセージ映像の配

169

信や全体訓示を通じて、組織の方向性や価値観を共有します。社内広報活動では、社内報の発行やイントラネットの活用などで経営方針や企業理念を定期的に伝えます。また、社内イベントやワークショップに登壇して、ブランドの価値や理念を体感させる機会を設け、従業員のブランド理解を深め、エンゲージメントを高めることも行われます。

　ブランド戦略としてのコンプライアンスでは、両者を統合した上で、以下の３点に注目して経営層のメッセージをデザインしていきます。

　１つ目の視点は、メッセージの内容です。ここでは「決まり」を守る誠実な態度が、自社の強みや経済的利益とどのように繋がるのかを明確にして伝えることが重要になります。例えば、「約束を守る企業である」という地元からの信頼や、高い品質のプロダクトを提供するという強みは、他社にはない競争力の源泉となり、持続的な利益をもたらすのだというストーリーをメッセージに盛り込んでいきます。

　これらの点は、経営層にとって当然のことかもしれませんが、全従業員に共有されているわけではありません。特に、「コンプライアンス＝組織の成長へのブレーキ」という先入観を持つメンバーがいる可能性があります。そのため、必ず経営層の口からこれらのメッセージを直接伝える必要があります。例えば、B&C 住設では、「約束を守る企業である」という信頼が地域社会に根付いており、その信頼が高品質なプロダクト提供の基盤となっています。この信頼と品質が、B&C 住設がより多くの顧客に選ばれ続けていることと今日の発展に繋がっているということを言葉にして伝えていきます。

　経営層が直接メッセージを発信することで、メンバーは経営層の真剣さと誠実さを感じ取り、ブランド戦略としてのコンプライアンスについて理解しやすくなります。これが、組織のブランド理念に則った一貫した言動に繋がり、ステークホルダーからの信頼の基盤になります。

　２つ目の視点は、メッセージの口調です。ブランド戦略としてのコンプライアンスを成功させるためには、経営層が自分たちの言葉でメッセージを伝えることが不可欠です。経営層のメッセージを、コンプライアンス部門や広報部門

第 4 章
**ブランド戦略としての
コンプライアンスの実施**

が創作したり、弁護士や広告代理店に丸投げするような方法では、メンバーの共感を得るのは難しいでしょう。なぜなら、日々経営層と接している従業員にとって、借り物の言葉で語られたメッセージは一目瞭然だからです。

　経営層が自分の言葉で語らないことは、従業員に対して自分たちを軽んじているという印象を与え、メッセージの内容も陳腐に感じられます。だからこそ、経営層が自分たちの言葉でメッセージを発信することが重要です。例えば、パーソルホールディングスでは、コンプライアンス活動の一環として経営陣のメッセージを作成する際に必ずインタビューを行い、経営層の生の声を伝えるようにしています。これにより、経営層の本音や真剣さが伝わることが期待できます[注3]。

　経営層が自ら発したメッセージに合致する行動を取ることを促す効果があるという点も見逃せません。これは、心理学の概念である「認知的不協和」と関連しています。認知的不協和は、人々が自分の認知（知識、信念、態度）と矛盾する行動や状況に遭遇したときに生じる心理的な不快感です。この不快感を軽減するために、人々は行動を変えたり、認知を再解釈したりして、行動と認知の一貫性を保とうとします。

　経営層が自分の言葉でコンプライアンスの重要性やブランド戦略について語ることで、彼ら自身がブランド戦略としてのコンプライアンスの目的に則った言動を取るよう心理的に促すことが可能になります。例えば、経営層が「私たちは透明性を重視し、全ての業務で高い倫理基準を守ります」と公言した以上、後に不透明な決定や非倫理的な行動を取ることに対する心理的な抵抗感が強まり、結果として公言した内容に則った行動を取りやすくなるということです。このように、経営層が自分の言葉でメッセージを発することで、組織全体の言行を一致していくことが期待できます。

　3つ目の視点はストーリーテリングを使ったメッセージです。ストーリーテ

注3　BUSINESS LAWYERS「パーソルホールディングスのコンプライアンスは『心に訴えかける』活動」（https://www.businesslawyers.jp/articles/1144）

171

リングとは、単に事実や主張を並べるのではなく具体的なストーリーにして語る手法を指します。このアプローチには様々なメリットがあります。最大の利点は、情報を記憶に残りやすくすることです。具体的なエピソードや物語を通じてメッセージを伝えると、人々はその情報をより深く理解し、長く覚えておくことができます。これは、単なる事実や数字の羅列よりも効果的です。例えば、「私たちの製品は地元の信頼に支えられており、常に高品質を保つための努力を続けています」といった抽象的なメッセージを発する代わりに、具体的な顧客とのやり取りや品質向上の取り組みの具体例を挙げることで、メッセージはより説得力を持ちます。

また、ストーリーテリングは共感を呼び起こす力も持っています。これはストーリーが人の理性だけでなく感情に訴えかけるからです。このため人々は物語を通じて登場人物の経験や感情に共感しやすくなります。例えば、経営層が自身の経験や組織の歴史を語ることで、メンバーは当時の人々の努力と成果に感動し、自分たちも同じ目標に向かって努力しようという意欲を持つことが期待できます。

さらに、ストーリーテリングは行動を促す力もあります。ストーリーへの共感が高まることで、メンバーはブランド戦略としてのコンプライアンスの目的である、ステークホルダーから信頼を得て、組織が持続的に利益を享受する姿を具体的にイメージできるとともに、自らの行動がどのようにその目的に繋がっているのかをイメージしやすくなります。それにより、メンバーはブランド戦略としてのコンプライアンスを自分ごととして捉え、積極的に行動することができるようになるのです。

B&C 住設では 3 つの視点を基に、同社の鏑木社長のメッセージを以下の通り作成しました。

　　皆さん、今日は私の経験を通して、私たち B&C 住設が大切にしている「決まり」を守ることの重要性についてお話ししたいと思います。
　　かつて、私は B&C 住設が海外進出を本格的に開始した頃、ある国にある

第4章
ブランド戦略としての
コンプライアンスの実施

子会社の代表を務めていました。その国は平和で美しく、銃犯罪やテロなどはほとんどありませんでした。しかし、私は在任期間中、毎日防弾仕様の車で通勤せざるを得ませんでした。なぜでしょうか。それは、私が着任後すぐに、現地法人を私物化し不正を行っていた地元の有力者一族を全員告発したからです。当時のその国では、外国企業は地元の有力者の協力の見返りに様々な便宜を図ることが当たり前のルールでした。今では考えられないかもしれませんが、それがその国での「正しいこと」だったのです。しかし、私はそんな現地の実情を知ったとき、このような後ろめたい方法で事業を進めていることを、日本で応援してくれている地域の人々が知ったらどう思うかを考えました。私たちは「約束」を守ることを重視する企業だったはずです。その「約束」には誠実であり続けるという地域の人々との約束も含まれているはずです。不正をすることで一時的にお金は得られるかもしれませんが、それは私たちが取るべき手段ではない。「約束」を破ることで失ったお客様の信頼を取り戻すには長い年月がかかります。だからこそ、私は不正を徹底的に排除し、「約束」を守るという私たちの理念に則った行動を取りました。

その結果、命を狙われることになり、防弾仕様の車に乗っていたのです。有力者を排除したことで一時的に売り上げは落ちましたが、やりたい放題だった有力者一族に不満を持っていた人々が支持してくれました。また、「約束」を守るための行動だったという私たちの意図が伝わり、少しずつビジネスは元に戻り始めたのです。その後の同国でのビジネスの拡大は皆さんの知っての通りです。命を危険にさらすやり方は行き過ぎだったかもしれません。だから皆さんに危険なことをして欲しいと言っているわけではありません。

世の中には様々な「正しさ」が溢れています。時には異なる正しさの間に板挟みになり、苦しい思いをすることもあるでしょう。しかし、「私たちにとって何が正しいのか」を考えるとき、常にお客様との「約束」を守るという私たちの理念に立ち戻って欲しい。それこそが、私たちの強みであ

173

り、お客様に選ばれ続ける理由なのです。そして、お客様との「約束」を守ろうとする姿勢を会社は全力でサポートします。だから一人で悩まずに相談してください。皆で一緒に、信頼を築き、維持し続けましょう。

　鏑木社長のエピソードを読んで「こんなすごいエピソードはうちの会社には無い」と思う方もいるかもしれません。しかし、このストーリーは、あるクライアントの代表者の方の実際のエピソードに若干の改変と脚色を加えたものです。この話は決して会社の誰もが知っている伝説的なエピソードなどではなく、彼が代表を務めていた会社の従業員のほかは、せいぜい本社勤務の同世代の方が知っている程度でした。

　企業経営というのは、私たちが思う以上にドラマチックなストーリーにあふれています。まして経営者にまで上り詰めた方であれば、きっと共感を呼ぶストーリーをお持ちだと思います。

②組織内のルール整備

　各種のルール整備は、コンプライアンスはもちろんブランディングにおいても大切な打ち手です。コンプライアンス由来の打ち手としては、行動基準や各種の社内規則の整備などが挙げられます。

　行動基準は、企業の倫理的価値観や期待される行動を示すガイドラインです。例えば、倫理的行動、利益相反の回避、職場環境の整備などが含まれます。従業員は常に高い倫理基準を守り、誠実かつ透明性のある行動を取ることが求められます。また、取引先との個人的な関係が業務に影響を与える可能性がある場合の開示義務や、ハラスメントや差別を防止し、多様性を尊重する職場環境の維持も重要です。

　一方、社内規則は具体的なルールや手続を定めたもので、従業員が業務を遂行する際に遵守すべき具体的な行動を示します。これには勤務時間管理、情報セキュリティ、報告手続などが含まれます。例えば、タイムカードの使用やデジタル出退勤システムの導入によって勤務時間を正確に記録し、残業時間を適

第4章
ブランド戦略としての
コンプライアンスの実施

切に管理します。また、機密情報の漏えいを防ぐためにパスワード管理やデータ暗号化、アクセス制限などを導入し、業務報告や事故報告の手続を明確に定めることで、従業員の行動を一貫させます。

　ブランディングにおいても、ブランドブックというブランドビジョン、ブランドミッション、ブランドバリューなどを包括的にまとめたガイドラインを作成することがあります。ブランドブックは、社員や関係者にブランドの理念や価値を共感してもらい、その実行に向けた意欲を引き出すための重要なツールです。

　ブランドブックにはブランドの理想とする姿（ビジョン）、果たすべき使命（ミッション）、提供する価値（バリュー）を明確にし、ブランド全体のコンセプトやメッセージ、ロゴ、デザインガイドラインなどが記載されています。組織のメンバー全員にブランドの基本的な理解を浸透させ、共感を得ることが目的です。

　ブランドは細部に宿る、という言葉通りブランディングにおいてはこれらの要素を厳密に取り決め、できるだけ逸脱が無いようにします。例えば、ロゴであれば寸法や色だけでなく、ロゴを配置する場所の背景色や余白などに至るまで詳細なルールが決められている場合も少なくありません。これはロゴとそれに化体しているブランドのイメージを正しく伝えるためです。

　ブランドブックは単なるルールブックとしての役割だけでなく、ステークホルダーとのエモーショナルな繋がりを強化し、ロイヤリティを高める効果も期待できます。そのため、ブランドブックは記載内容だけでなく色、形、大きさ、紙質、記載内容の配置、挿絵等のデザインを細部までこだわって作成します。いわば、ブランドブック自体がブランドを体現するツールとなるように設計するわけです。

　ブランドブックは、ただ作成して配布するだけではなく、社員向けの講習会やワークショップを通じてその内容を深く理解させることが重要です。このような取り組みを通じて、ブランドブックは単なるガイドラインから実践的なツールへと進化し、企業のブランド戦略を強力にサポートします。社員が自分

175

の業務にブランドの考え方を反映させ、自らの行動に取り入れることで、企業全体のブランド価値を高めることができるのです。

　ブランド戦略としてのコンプライアンスでは、これらすべてを同列に扱い、組織のメンバーにその目的を伝え、共感を得るためのコミュニケーションツールとしてデザインします。例えば、行動基準や社内規則等の組織内ルールは、組織がメンバーとともに、持続的な成長と利益の享受のために必要な「決まり」を設定し、相互の理解と共感を醸成するためのコミュニケーションツールだと考えます。

　従来型のコンプライアンスでは、行動基準や社内規則等は組織がメンバーに対して行う命令や指示、あるいはメンバーを意図に沿って動かすためのプログラムのように扱われるのが一般的です。しかし、このことが多くの組織においてコンプライアンスが自分ごと化しない原因であると私は考えています。

　心理学者のエドワード・デシとリチャード・ライアンが提唱した自己決定理論という心理学の理論があります。この理論は、特に自律性（Autonomy）、有能感（Competence）、関係性（Relatedness）の３つの基本的な心理的欲求に基づいて人間の動機づけとパーソナリティの発展を説明するものです。このうち、自律性とは、自分自身の行動や決定をコントロールできる感覚を指します。これは、個人が外部の圧力や報酬によらず、自らの内発的動機に従って行動することを可能にします。

　自己決定理論では、自律性が高い環境では、人々がより内発的に動機づけられ、より創造的で持続的な行動を取ることができると述べています。自律性が強化されると、個人は自分の行動を選び、決定する自由を感じることができ、その結果、より高いパフォーマンスや満足感を得られるようになります。これは、教育、職場、健康行動など、様々な領域で確認されています。例えば、職場においては自律性を支持するリーダーシップスタイルが社員のモチベーションやパフォーマンスを向上させることが多くの研究で示されています。社員が自らの仕事の進め方やスケジュールを決定できると、仕事に対するエンゲージメントや満足度が高まり、離職率も低下することがわかっています。

第 4 章
ブランド戦略としての
コンプライアンスの実施

　ブランド戦略としてのコンプライアンスは、自己決定理論の考え方を一部採用し、「決まり」を守る誠実な事業活動によって競争優位を確立するという目的を組織とメンバーが対話を通じて自己決定することを重視しています。そして、組織内ルールは、そのための組織とメンバー間のコミュニケーションツールとしてデザインされるのです。例えば、理念体系上のコンプライアンスの立ち位置を明確にして、行動基準や倫理基準、社内規則等にはブランド理念の趣旨を統合させ、それらを守ることによって社内外のステークホルダーにどのような価値を提供できるのか、そのような価値提供が組織の持続的成長と利益の享受にどのように紐づくかを必ず明記するようにします。各規則の前文だけでなく、個々の項目の記載からも覚知できるように可能な限り文章を工夫します。

　また、特に社内規則等のルール設計においてはブランド戦略としてのコンプライアンスの目的と矛盾が無いよう注意を払います。例えば、ブランドとして組織のメンバー（組織内のステークホルダー）に寄り添い、共に問題を解決していくと標榜しておきながら、社内規則の記載ではメンバーの自己責任と組織の責任回避に終始しているといった矛盾があると、メンバーは幻滅し、エンゲージメントも低下してしまうことでしょう。インターネット等で入手できる社内規則等のひな形には、当然のことながら個別の組織の目的は反映されていませんから、それらのひな形にどのように目的を反映させるかは、コンプライアンス担当者のクリエイティビティにかかっています。

　この点で参考になるのはエイベックス株式会社の「コンプライアンスポリシー」です。特に、同社の Web サイトでも公開されているコンプライアンスポリシーの前文[注4]は、「僕たちは世の中から『芸能』や『エンタテインメント』と言われたりする業界にいる。人を喜ばせたり泣かせたりすること、つまり『感動させること』が僕たちの仕事だ。だから他のお硬い業界とはちょっと違う。」という言葉に始まり、同社の世界観とコンプライアンスの目的を高いレベルで

....

注 4　エイベックス株式会社「コンプライアンスポリシー」（https://avex.com/jp/ja/corp/compliance/）

177

融合させています。

　同社のコンプライアンスポリシーの大項目は「インチキするな」「ウソつくな」「勘違いするな」など同社らしい端的でわかりやすい言葉が使われていて、読み物として読み手の興味を引く内容になっています。そしてポリシーの最後は、「そして、才能に愛と賞賛を。（決して嫉妬ではなく）」という一文で締めくくられています。「感動させること」が仕事であるエイベックスらしい、コンプライアンスポリシーですらエンタテインメントにしてしまうという点で、エイベックスの企業理念である「エンタテインメントの可能性に挑みつづける。」が体現されているともいえます。

　また、行動基準のハンドブック等を作成する場合には、ブランドブックで定められた基準に則ったデザインを採用します。時々、組織のブランドイメージを無視したデザインの行動基準ハンドブックを見かけますが、これは逆効果です。組織のメンバーから見ると、メッセージに一貫性が無いことを組織自らが認めているように見えますし、ブランディングとコンプライアンスとのギャップや対立構造が際立ってしまうためです。

　ブランドブックなど、ブランディング由来の打ち手には「決まり」に対してどのように向き合うのかというコンプライアンスの要素を盛り込んでいきます。これまで見てきた通り、通常ブランド理念の中には黙示的にコンプライアンスの要素が含まれていますので、それを言語化し、可能であればビジュアル・アイデンティティなどの言語以外の要素にも反映させていきます。

　例えば、顧客や組織のメンバーがブランドについてどのような印象を持っているかという項目の中に、「決まり」に対する向き合い方についての記載を入れることができますし、マーケットの状況などに関する記載にも「決まり」を守ることに関する社会の期待について記載することができます。もちろん、ブランド戦略としてのコンプライアンスの目的や、擬人化されたブランドの人格の中にある「決まり」を守る誠実さなどの要素を記入していきます。

　このように、ブランド戦略としてのコンプライアンスでは、行動基準や社内規則等とブランドブックを同じ世界観で貫き、組織の態度を統一した上でメン

第4章
ブランド戦略としての
コンプライアンスの実施

バー等の組織内のステークホルダーとコミュニケーションを行っていきます。また、組織のメンバーが、これらの資料で提示されるブランド理念やコンプライアンスの目的について自由に意見を言い合うことで、「決まり」を守るとはどういうことかを自律的に決定できるような場づくりも併せて行います（これについては後述します）。

③内部通報等の相談制度

　内部通報制度は、組織のメンバーが法令違反や企業倫理に反する行為、ハラスメントなどの問題を匿名または実名で報告できる仕組みを提供する制度です。通報は内部の専用窓口や外部の第三者機関を通じて行われ、通報者の匿名性やプライバシーが保護されます。内部通報窓口は通常、人事部門やコンプライアンス部門が担当し、迅速な対応を可能にします。一方、外部通報窓口は、弁護士事務所や専門の通報受付機関が担当します。これは通報者に対する組織による報復リスクを減少させるためです。

　内部通報制度は、不正行為や法令違反を早期に発見し、迅速に対処することで企業の法的リスクを軽減するだけでなく、従業員が安心して通報できる環境を整えることで、企業内の信頼関係が強化され、組織全体の透明性と健全性が向上するとされています。消費者庁が2024年4月26日に発表した調査[注5]によれば、調査対象となった企業のうち、従業員数300人以上の事業者の92%が内部通報制度を導入済みと回答しており、導入が進んでいます。

　コンプライアンス部門や法務部門によるコンプライアンスに関する相談の制度も基本的なものですが重要な制度です。組織内でコンプライアンスに関する疑問が発生した場合に、専門的な知見を持つ担当部門に相談し疑問を解決する制度です。コンプライアンスに関する相談は、法務部門が受け付けている場合もありますが、企業によってはコンプライアンスに関する専門部署が設けられ

注5　消費者庁「民間事業者の内部通報対応―実態調査結果概要―」3頁（https://www.caa.go.jp/policies/policy/consumer_partnerships/whisleblower_protection_system/research/assets/research_240426_0001.pdf）

ていたり、法規制に関する疑問であれば法務、ハラスメントや労働時間に関する疑問であれば人事など相談窓口が細かく分かれている場合もあります。

このような強力な相談、問題解決のための制度はブランディングではあまり見られない制度です。しかし、ブランディングの視点から見てみると、メンバー内にブランディングに関する疑問が発生した場合に、ブランディングの担当部門の知見を借りながら解決していく制度はブランドの一貫性と透明性を守るために有効な制度となり得るでしょう。

ブランド戦略としてのコンプライアンスでは、内部通報制度やコンプライアンスに関する相談の制度の不正を未然に防止するというリスクコントロールの機能に加えて、組織内のコミュニケーションツールとしてデザインしていきます。つまり、内部通報制度や相談制度は、コンプライアンスについて疑問や意見があるメンバーが組織に対して発信を行い、組織がそれに応答するというコミュニケーションの一形態であると捉えるわけです。

この点、内部通報制度に関連して、消費者庁が行っている様々な調査結果を見てみると、内部通報制度は多くの企業で導入が進んでおり、不正の発見効果は認められるものの、コミュニケーションとしての機能の充実はまだ道半ばであることがわかります。

具体的には、内部通報制度を「導入している」と回答した事業者のうち、窓口の年間受付件数が「０件」、「１〜５件」または「把握していない」と回答した事業者は全体の65%に達し、活発なコミュニケーションが行われているとは言い難い状況です。

また、コミュニケーションの質についても、相談・通報した人の69.5%が「良かった」と評価する一方で、17.2%が「後悔している」、13.2%が「良かったことも後悔したこともある」と回答しています。後悔の理由としては、「調査や是正が行われなかった」が最多であり、次いで「不利益な取扱いを受けた」

....
注6　消費者庁「民間事業者の内部通報対応―実態調査結果概要―」4頁（https://www.caa.go.jp/policies/policy/consumer_partnerships/whisleblower_protection_system/research/assets/research_240426_0001.pdf）

第4章
ブランド戦略としての
コンプライアンスの実施

という点が挙げられ[注7]、全体として改善の余地があることが示唆されています。

　ブランド戦略としてのコンプライアンスにおいて、内部通報や相談制度は組織のメンバーとの重要なタッチポイントです。したがって、相談者である組織のメンバーから見て、相談という体験を通じてブランドの価値観や世界観、具体的には、ブランドが組織のメンバーとどのような関係性を築こうとしているのかを実感できるようにデザインします。例えば、Salesforce では、ハワイ語で家族を意味する「Ohana」というカルチャーを採用し、従業員を含むすべてのステークホルダーと家族のように支え合う関係を築いています。

　同社のように特別な名前がついていなくとも、組織はそれぞれのメンバーとどのような関係性を築いていくか独自の考えを持っています。その考えを言語化し、各種の相談制度に反映させます。内部通報制度や各種の相談制度は、組織とメンバーが濃密でセンシティブなコミュニケーションを行う場ですから、ここでの体験はメンバーのブランドに対する理解や印象に決定的に重大な影響を与えます。例えば、Salesforce の「Ohana」の精神と同じように、メンバーを家族のように大切にしたいと考えている企業において、内部通報などを使って問題提起をしようとした従業員が無視されたり不利益な取り扱いを受けたりすれば、その従業員は、従業員を大切にするという組織の方針は口先だけのまやかしだと感じることでしょう。これは、インターナル・ブランディングの失敗にほかなりません。

　したがって、ブランド戦略としてのコンプライアンスでは、これらの相談制度について、制度設計、相談の処理方針、コミュニケーションの方法、担当者の言動や立ち居振る舞いなど、細部に至るまでブランドらしさを反映させ、たとえ相談の結果が相談者の 100%満足いくものではなかったとしても、相談してよかった、相談したことで組織やブランドの一員であることを実感できたと感じられるようにデザインしていきます。例えば、相談を受ける担当者は、

注7　消費者庁「内部通報制度に関する就労者1万人アンケート調査の結果について」5頁（https://www.caa.go.jp/policies/policy/consumer_partnerships/whisleblower_protection_system/research/assets/research_240229_0001.pdf）

181

法律やコンプライアンスの知見に基づき、コンプライアンスの視点から意見を言うだけでなく、ブランディングについても知見を有し、ブランド戦略の視点からも意見が言えるようにトレーニングします。

具体的には、法律上一定のリスクがあるものであっても違法行為ではなく、ブランディング上のメリットが大きいものであればポジティブな意見を述べる一方で、法律上のリスクは軽微でもブランドを大きく傷つける可能性があるものであればネガティブな意見を述べるといった対応が求められます。単なる法律の代弁者ではなく、法律の世界とブランドの世界を両方理解し、両者を調和させる提案をすることで、ブランド戦略としてのコンプライアンスの推進者となるわけです。

そのほかにも、相談窓口のデザインや周知の方法、利用促進のための各種キャンペーンに至るまで、ブランドのアイデンティティを反映させた視覚的なデザインを施していきます。ブランドが持つ価値観やカルチャーを反映させることで、相談者が相談のプロセスを通じてブランドの一部であることを実感できるようにします。

このようにして、内部通報制度や相談制度を単なるリスクコントロールの手段としてではなく、ブランド戦略の一環として、組織とメンバーとの信頼関係を深め、強固なブランドイメージを築くための打ち手としてデザインし直していきます。これにより、組織全体のコンプライアンス意識が高まるだけでなく、持続可能な成長と利益の基盤を確立することができるのです。

④研修等のメンバー間の対話

研修やワークショップ、組織内での対話イベントは、インターナル・ブランディングとしてのコンプライアンスの重要なタッチポイントです。実際、コンプライアンス部門の最もポピュラーな業務の一つが研修でしょう。最近では、単なる法令知識の伝授ではコンプライアンス違反の防止に不十分だという認識の広がりから、よりインタラクティブなワークショップやカジュアルな対話イベントを企画する企業も増えています。

第4章
ブランド戦略としての
コンプライアンスの実施

　ブランディングにおいても、インターナル・ブランディングの一環としてブランド理念や価値観の浸透を目的とする研修や対話イベントを行うことがあります。この研修では、ブランド理念の確認や言語化、ブランドらしい行動事例の共有などを行い、メンバーがブランドの価値観を理解し、一貫した行動を後押しします。

　ブランド戦略としてのコンプライアンスでは、両者を統合した研修や対話イベントを企画していきます。具体的には、以下のフレームワークを使用します。このフレームワークは3つのパーツ、13ワークで構成されています。

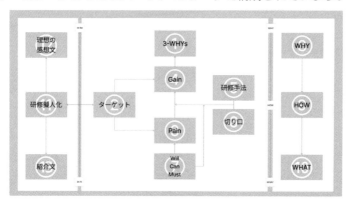

　最初に取り組むのが、最も重要な研修コンテンツを考える真ん中のパーツ（ワーク①～⑦）です。各ワークの概要は下記のとおりです。

・ワーク①「3-WHYs」：組織・個人・法律の3つの視点で、コンプライアンスの究極目的を考えます。
・ワーク②「二つのターゲットペルソナ」：表と裏、研修のターゲットについて考えます。
・ワーク③「ターゲットのPain」：ターゲットにとって解決したい課題（Pain）は何かについて考えます。
・ワーク④「ターゲットのGain」：研修の機能・情緒・自己実現の3つの便益（Gain）について考えます。
・ワーク⑤「研修手法の選択」：PainをGainに変える、最適な研修手法を考

183

えます。

・ワーク⑥「研修の切り口」：法律知識か意識醸成など、研修の切り口を考えます。

・ワーク⑦「Will Can Must」：現状の法務コンプライアンス部門の使命や能力について考えます。

　研修企画において最も大切なことは「その研修は、何のために存在するのか？（WHY）」を明確にすることです（ワーク①）。ブランド戦略としてのコンプライアンスでは、パーパスやブランド理念、コンプライアンスの目的がWHYに該当します。

　WHYが定まったら、そのWHYを達成するための手段（HOW）を考えます。ここでは、ターゲットのペルソナを決め（ワーク②）、彼らの課題（Issue）と得られる価値を明らかにして（ワーク③、ワーク④）、その解決策を考えていきます（ワーク⑤、ワーク⑥）。研修は"法令研究発表会"ではなく、受講者が抱える課題を解決するものですから、研修が解決する課題の設定は重要です。

　研修のコンテンツが決まったら、次は右側のパーツ（ワーク⑧〜⑩）、すなわち、研修においてコンテンツを"伝える"順番（＝研修の目次）を考えます。

・ワーク⑧「WHY」：研修の趣旨や目的を伝えるパートです。ワーク①をもとに考えます。

・ワーク⑨「HOW」：課題解決のための手段を伝えるパートです。ワーク②〜⑥をもとに考えます。

・ワーク⑩「WHAT」：法律やルールについて伝えるパートです。ワーク⑦をもとに考えます。

　これは、コンサルタントのサイモン・シネックが著書で提唱している下記の「ゴールデン・サークル」の考え方によるものです。[注8]

注8　サイモン・シネック著、栗木さつき訳『WHYから始めよ！インスパイア型リーダーはここが違う』68頁（日本経済新聞出版、2012）

第 4 章
ブランド戦略としての
コンプライアンスの実施

出典：サイモン・シネック著、栗木さつき訳『WHYから始めよ！インスパイア型リーダーはここが違う』より一部抜粋

　円の外側から内側に向かう順番でコミュニケーションをはかると、最初に自分がしているWHATを説明することになる。すると事実や特徴など、複雑で大量の情報を相手に理解してもらうことはできるが、行動を起こすよう相手を駆り立てることはできない。いっぽう、内側から外側に向かう順でコミュニケーションをはかれば、相手の意思決定をつかさどる脳の部位に、最初に訴えかけることができる。そのあとで、言語をつかさどる脳の部位に情報を伝えれば、感情による決定が合理的なものになる。

　つまり、受講者という組織内のステークホルダーから共感を得るには、法律の内容（WHAT）や、法令遵守のための手続（HOW）ではなく、組織と受講生にとって、なぜこの研修が必要なのか（WHY）から語ることが有効なのです。
　最後のパーツである左側は、研修の一貫性や統一性を保つためのルール、すなわちトーン＆マナー（以下、トンマナ）を考える三つのワークで構成されています。
・ワーク⑪「研修の擬人化」：研修を一人の人間に見立て、ワーク②と対比させながら性格や口調を決め、トンマナを考えていきます。
・ワーク⑫「理想の感想文」：「こんな感想が出てくれば大成功！」と思えるような受講者からの感想文を考えます。
・ワーク⑬「研修の紹介文」：研修の紹介文を考えます。
　まず、研修を擬人化し、「ターゲットとなる受講者（ワーク②）に対してどんな想いでどんな声をかけるのか？」を考えます。ここには本章で先ほど設定

したブランドの人格が該当します。研修にも人格を設定することで、トンマナをより具体的にイメージするとともに、研修の"人格"と講師の人格とを分け、講師が変わっても適切なトンマナが維持できるようになります。

擬人化された研修が、「研修を終えた受講者にどんな反応をしてほしいのか」「その反応を引き出すために最初にどのような語りかけをするとよいか」を考えるのがワーク⑫、ワーク⑬です。このワークを通じて、研修における講師の語り口や立ち居振る舞いなどをより具体的にしていきます。

このほかにも、研修の体験価値を向上させるため、研修資料のデザインはブランドのコミュニケーションガイドラインに則り、文字中心の資料は避け、ブランドらしいビジュアルや音楽を使ってブランドらしい体験の場を演出します。これにより、受講者は研修を通じてブランドの価値観をより深く理解し、体感することができます。

しかし、インパクトを追求するあまり他社の事例を真似ることで、自分たちのブランドらしさと矛盾する研修をデザインすることは逆効果です。受講者を驚かせることはできるかもしれませんが、コンプライアンスやブランドの理念は浸透しません。

ブランド戦略としてのコンプライアンス研修は、組織のメンバーがブランドの価値観を理解し、共感する機会を提供します。これにより、組織全体のコンプライアンス意識が高まり、持続可能な成長と利益の基盤が確立されます。研修やワークショップ、対話イベントを通じて、ブランドとコンプライアンスの両方を強化することが、組織の競争力を高める鍵となります。

⑤組織内アナウンスおよびキャンペーン

ブランディングにおいて、組織内アナウンスやキャンペーンは一般的で重要な打ち手です。その代表的な打ち手を見ていくことにしましょう。

最も一般的な打ち手は社内報です。社内報は、企業の現状や経営者のメッセージ、従業員の紹介、成功事例の共有、社内イベントのレポートなどを伝え、共有するための媒体で、紙媒体のものに加え Web 媒体のものも含まれます。紙

第 4 章
ブランド戦略としての
コンプライアンスの実施

媒体の社内報は視覚だけでなく触覚に訴えかけることができるほか、社内の様々な場所に配置することができることから空間や場のデザインに関連した他のブランディングの打ち手と連携しやすいというメリットがあります。他方で、Web 媒体のものは場所に限らず共有が可能で、動画や音楽を使ったり、インタラクティブなものを含めることができるというメリットがあり、それぞれの長所を生かして運用します。

　社内イベントも重要な打ち手です。社内イベントの目的は、メンバー同士の繋がりを強化し、企業文化を育むための活動です。主な例としては、周年イベント、社員総会、研修旅行、社内表彰などがあります。社内イベントの成功には、テーマの設定と従業員が楽しめる企画の工夫が重要です。新型コロナウイルス感染症（COVID-19）のパンデミックの影響もあり、社内イベントもオンラインで開催する企業が増えています。物理的な移動が難しい場合でも、従業員全員が参加できるようになるメリットもあることから、グローバル企業などで導入が進んでいます。

　伝統的なコンプライアンス活動を行っている組織においても、各種のアナウンスや社内報などを通じて組織内への働きかけを行っている例はあります。コンプライアンスに特化したキャンペーンを行っている組織はあまりないかもしれませんが、研修という打ち手が、ワークショップや対話イベントへと広がりを見せているように、コンプライアンスに関するキャンペーンの検討を進めている企業もあることでしょう。

　コンプライアンスに関する組織内のアナウンス等についてもこれまでと同様、「組織内のコミュニケーション」として再設計する必要があります。その第一歩は、読み手の立場に立って書かれているか、単なるお知らせではなくブランドらしさを感じられるデザインになっているかという観点での見直しを行うことです。

　メンバーからのフィードバックはどうでしょうか。もし、みなさんの組織のキャンペーンが組織内に情報を提供するだけの一方通行のものだとしたら、メンバーとの対話によるフィードバックの機会を設けることも重要です。例えば、

187

各部門を定期的に回って、コンプライアンスにどのように取り組んでいるか、どんな課題意識を持っているのかを聞いて回り、その様子を社内報に掲載するなどの方法を使えば、双方向のコミュニケーションの様子を組織内に知ってもらうことができます。

コンプライアンスに特化したキャンペーンの実施が難しい場合には、ブランディングやその他のステークホルダーとの信頼関係を構築するための他の施策に"相乗り"させてもらうのも有効です。例えば、ESG や SDGs に関する施策や、エンゲージメント向上をはじめ人的資本経営に関する施策は、ブランド戦略としてのコンプライアンスとも非常に相性が良いものが多いと言えます。

（3）エクスターナル・ブランディングとしての打ち手

エクスターナル・ブランディングとしてのコンプライアンスには、組織外に向けた打ち手が配置されます。この部分はブランディング由来の打ち手が豊富な部分です。具体的には、ロゴやデザイン、広告キャンペーン、社外向けのイベントやプロモーション、SNS を使ったコミュニケーション、コラボレーションやスポンサーシップなどがあります。

これに対して、エクスターナル・ブランディングとしてのコンプライアンスには、コンプライアンス由来の打ち手はあまりありません。伝統的なコンプライアンスでは、多くの場合コンプライアンス活動は組織内における閉じた活動です。しかも、中にはコンプライアンス活動自体が外部に知られてはいけないものであると考え、活動を秘匿している企業もあります。もちろん、コンプライアンス活動の中には、組織の重要な機密事項や個人のプライバシーに関連するものもありますから、組織外への公開に馴染まない側面もあります。

しかし、それらに触れないようなもの、例えば、経営層がどのようなメッセージを発しているか、内部通報等の制度がどのような設計になっているのか、どのような研修を行っているかなど、組織外のステークホルダーに正しく知ってもらうことで組織にとってメリットになるものもたくさんあります。

第 4 章
**ブランド戦略としての
コンプライアンスの実施**

　この点については、ブランズウィックグループと経団連が 2022 年に行った
調査の中に興味深いデータがあります。同調査は、日本の経営者は「社会課題」
への対応を過度にアピールすると、かえってマイナスに働くことがあると考え
る傾向があるのに対し、アメリカの経営者は社会課題への対応と具体的なアク
ションは消費者の信頼を得るために必要であり、消費者もまた具体的なアク
ションを期待していることを示唆しています。レポートは、重要な洞察として
「日本企業の良いところが伝わっていないことおよびその事実に気づいていな
いこと」があると指摘しています。

　たしかに、日本には「善行を積極的にアピールすることは品が無い」という
ある種の奥ゆかしさを貴ぶ文化があります。誰からも褒められることが無くと
も、粛々と善行を積み重ねる姿を美しいと感じるのは同じ日本人である私も理
解できるところです。

　しかし、グローバル化や価値観の多様化が進む現代においては、そのような
奥ゆかしさが美徳と考える人もいれば、そうでない人もいます。例えば、「私
たちは、ハラスメントを無くすために真剣に取り組んでいる」「談合や賄賂を
防ぐためにここまでやっている」という組織の姿勢を見て、「品のない会社だ」
と感じる人は、それほど多くはないのではないでしょうか。また、善行を積極
的に伝えなければ、善行をしていないとみなされるという文化を持つ国や地域
もあります。

　また、近年、特に上場企業においては ESG 投資や人的資本開示の考え方や
関連する制度の広まりによって、市場に対しコンプライアンスに関する情報開
示を行う要請が高まってきています。これまでのように、日本的奥ゆかしさと
いう美徳だけに基づいて、コンプライアンスに関する情報を積極的に開示しな
いというのは時代遅れになりつつあるのです。

　この点、ブランド戦略としてのコンプライアンスは、その目的をステークホ

注9　ブランズウィックグループ「日米グローバル企業の経営トップに対する意識調査」の発表に
ついて（https://www.brunswickgroup.com/jp/survey-attitudes-towards-management-global-
companies-japan-united-states-i23633/）

189

ルダーの信頼と共感を得て競争優位を獲得し、組織が持続的な利益を享受することと定義しています。そして、組織外のステークホルダーから信頼と共感を得るには、その前提として「決まり」を守る誠実な組織であることを正しく理解してもらうためのコミュニケーションが必要不可欠です。ブランド戦略としてのコンプライアンスにとっては、コンプライアンスに関する情報を外部に発信するのは自然なことです。

①ロゴやデザインの統一

　ブランディングにおいてロゴやデザインの統一は、企業の成功に欠かせない要素です。統一されたロゴやデザインは、企業のブランドアイデンティティを確立し、消費者に一貫したメッセージを伝える役割を果たします。

　まず、ロゴやデザインの統一はブランド認知度の向上に直結します。一貫したビジュアル・アイデンティティを維持することで、消費者は企業の製品やサービスを即座に認識しやすくなります。例えば、Nike のスウッシュや Apple のかじられたリンゴのロゴは、誰もがすぐに認識できる象徴的なデザインです。このように、視覚的に一貫した要素は、消費者の記憶に残りやすく、ブランドの認知度を高めます。

　次に、統一されたロゴやデザインは、ブランドの信頼性と信頼感を築く上で重要です。統一性があると、企業がプロフェッショナルで組織的に見えるため、消費者はそのブランドに対して信頼を抱きやすくなります。一貫性のないデザインは、消費者に混乱を与え、ブランドへの信頼を損なう可能性があります。

　さらに、統一されたロゴやデザインは、そこにブランド理念や世界観、プロダクトの使用体験などが化体することによって、ブランドの差別化にも寄与します。ブランドによって提供される様々な便益とロゴが連想で結びつくことによって、ステークホルダーはロゴを見ただけでそのブランドの理念や世界観や体験に関する記憶が喚起されるようになります。これは競争の激しい市場において、他社との差別化を図るための強力なツールとなります。例えば、Coca-Cola の独特なカリグラフィーロゴや、McDonald's のゴールデンアーチを見ると、それらの商品を口にしたときに体験が思い出され、今日も暑いから

190

第4章
ブランド戦略としての
コンプライアンスの実施

Coca-Cola を買おうか、とか、今日は久しぶりに McDonald's のハンバーガーを食べようか、となるわけです。

　ブランド戦略としてのコンプライアンスでは、ステークホルダーがロゴに触れることによって、組織やブランドの「決まり」を守る誠実さを想起するよう、コンプライアンスに関する打ち手にロゴを登場させ、ブランドで定められているビジュアルデザインに従って各種の打ち手の見た目をデザインします。

　まず、ロゴやビジュアル・アイデンティティの中に、「決まり」を守る誠実さという要素が含まれている場合にはそれを明示するようにします。ブランドのロゴには一般に知られている意味以外にも、様々な意味が込められています。例えば、トヨタ自動車のロゴは3つの楕円がお客様の心、トヨタの心、そしてそれらを繋ぐ世界を象徴しているということはよく知られていますが、同社の公式サイトによればさらにロゴの背後の空間には、トヨタがお客様に伝える「卓越した品質」「期待を超える価値」「クルマの歓び」「革新性」「安全、環境・社会への誠実さ」の5つの価値を暗示しているといいます[注10]。つまり、トヨタのロゴの中には「社会への誠実さ」というコンプライアンスに繋がる価値が内包されていたわけです。このようにしてブランドのロゴの意味を深く知り、込められた「決まり」を守る誠実さという価値を掘り起こし、伝えていきます。

　また、コンプライアンスに関する発信におけるロゴの使用方法やデザインも重要です。従来型のコンプライアンスでは、コミュニケーションガイドラインとは別の「お役所的な」デザインの資料が使われているのを目にすることがありますが、これはコンプライアンスが組織のパーパスなどの価値観とは全く別の存在であるという印象を与えるため、ブランド戦略としてのコンプライアンスの視点からは望ましくありません。ブランドブックやコミュニケーションガイドラインで定められたロゴやデザインに則った資料等を用いることで、「決まり」を守る誠実さがブランドの一部であることを体現し、組織として一貫し

注10　トヨタ自動車「トヨタマーク」(https://global.toyota/jp/mobility/toyota-brand/features/emblem/)

た言動を取ることでステークホルダーの信頼と共感を高めることができます。

　コンプライアンス由来の打ち手についても、ロゴやデザインの統一を適切に活用することで、ブランドの認知度、信頼性、差別化、そして内部のエンゲージメントを強化し、長期的なブランド価値の向上が図られ、企業の持続的な成長を実現していくわけです。

②広告キャンペーン

　ブランド戦略の成功には、広告やキャンペーンの効果的な活用が不可欠です。テレビ CM やオンライン広告、プリント広告などを通じて広範なステークホルダーにブランドメッセージを伝えることで、特定の商品やサービスの認知度を高めます。広告やキャンペーンは、単にプロダクトの優位性を伝えて購入を促すだけでなく、ブランドの価値観や理念を広く伝え、消費者との深い結びつきを築くための重要な手段です。広告キャンペーンでは、ストーリーテリングを活用することで顧客とのエモーショナルな結びつきを強化することができます。

　まず、広告はブランドのストーリーを伝えるための強力なツールです。広告を通じて、ブランドのビジョンやミッションを消費者に伝えることで、ブランドの存在意義を明確にし、消費者の共感を得ることができます。例えば Nikeの「Just Do It」キャンペーンは、単なる商品の宣伝を超えて、挑戦する精神や自己実現をテーマにしたメッセージを広め、世界中の消費者に強い影響を与えました。

　また、キャンペーンはブランドと消費者の双方向のコミュニケーションを促進します。キャンペーンを通じて、ブランドは消費者の声を直接聞き、フィードバックを受け取ることができます。これにより、消費者のニーズや期待を正確に把握し、それに応じたサービスや商品を提供することで、ブランドの信頼性と顧客満足度を高めることができます。

　さらに、キャンペーンはブランドの一貫性を保つためにも重要です。統一されたメッセージやビジュアルを使用することで、ブランドの認知度を高め、消

第 4 章
ブランド戦略としての
コンプライアンスの実施

費者に強い印象を残すことができます。例えば、Apple はそのシンプルで洗練されたデザインとメッセージを一貫して使用することで、強力なブランドイメージを築いています。

　広告やキャンペーンの成功には、クリエイティブな発想と戦略的な計画が必要です。ターゲットオーディエンスを明確にし、そのニーズや期待に応えるメッセージを発信することが求められます。デジタルマーケティングの進化により、ソーシャルメディアやインフルエンサーマーケティングなど、多様なチャネルを活用することで、より広範な消費者にアプローチすることが可能となっています。

　ブランド戦略としてのコンプライアンスでは、こうした消費者向けの広告やキャンペーンも打ち手の一つとして活用していきます。というのも、第 2 章で見てきた通り、現代の消費者にとっては、倫理的な行動を取っていることや誠実であることはブランドを選択する重要な要素となっているからです。例えば、製品の安全性や信頼性をアピールするために、実際の耐久性テストの様子を公開したり、社会的責任を果たす企業であることをアピールするために、環境保護に関する取り組みを紹介したりする広告があります。これと同じように、消費者がそのブランドに求める誠実さをアピールする広告を作成します。

　キャンペーンについては、2023 年の「JAA 広告賞 消費者が選んだ広告コンクール」JAA 賞グランプリテレビ広告部門にも選ばれた岡山トヨペットの「横断歩道の恋？」[注11]が「決まり」を守ることの大切さをブランドイメージの向上に役立てている例として挙げられます。「横断歩道の恋？」は、岡山トヨペットが交通事故 ZERO プロジェクトの一環として実施した交通安全啓発活動です。

　このキャンペーンは、信号機のない横断歩道での一時停止を促すために制作され、横断歩道で毎日すれ違う男女の恋愛模様を描くことで、歩行者の安全確

注 11　岡山トヨペット「横断歩道の恋？　交通事故 ZERO プロジェクト」(https://www.oktp.jp/oudanhodounokoi/)

保の重要性を視聴者に訴えかけています。動画では、高校生、大学生、社会人となる二人が横断歩道で出会い、すれ違いながらも少しずつ心を通わせていく様子が描かれ、最後にはあっと驚く結末が用意されています。このストーリーを通じて、視聴者に対して車が一時停止することの重要性を強調し、安全な横断歩道利用を啓発しています。この活動により、岡山県の一時停止率は2021年の10.3%から2022年には49.0%にまで改善され、全国的な注目を集めました。キャンペーンの成功は、交通事故を減少させるための重要な一歩となりました。

　この広告は、同社のCSR活動に関する広告ですが、自動車ディーラーとして交通ルールという「決まり」を守ることの大切さを訴え、自社のブランドイメージを向上させた成功例として、ブランド戦略としてのコンプライアンスの視点でも参考になる事例です。

③イベントやプロモーション活動

　イベントやプロモーションは、ブランディングにおいて重要な役割を果たします。製品のローンチイベントやポップアップショップを通じて直接的なブランド体験を提供し、フェスティバルや展示会に参加してもらうことでブランドの価値を顧客に体感してもらう機会を作り出します。効果的なイベントやプロモーションは、ブランドの価値観やメッセージを強力に伝え、顧客との深い関係を構築するための重要な手段です。いくつかの具体的な打ち手とその効果について見ていきましょう。

　まず、イベント自体をブランドの一部として認識させることが重要です。これは、ブランドのロゴやカラースキーム、テーマなどを一貫して使用することによって達成されます。例えば、ステージ上にブランドのロゴやカラーを配置し、視覚的に一貫した体験を提供することで、参加者にブランドの世界観を印象付けます。ロゴやデザインの統一の項目で紹介したように、一貫したデザインは参加者に強い印象を与え、参加者はイベント終了後もブランドを記憶し続けます。

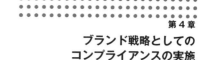

第4章
ブランド戦略としての
コンプライアンスの実施

　次に、マーケティング素材とギブアウェイ（記念品など）も、イベントの雰囲気を高めるだけでなく、ブランドの認知度を高めるために重要です。ブランディングされたリストバンドやパス、バナー、メディアウォールなどは、参加者の参加意識やブランドとの一体性を高めるのに有効なアイテムです。
　イベントスタッフ等の装いもブランドの一貫性を保つために重要です。例えば、イベントスタッフがブランドのTシャツや制服を着用することで、参加者はスタッフを簡単に識別できるだけでなく、組織がブランドらしさに基づいた一貫した行動を取っていることを効果的にアピールすることができます。
　SNSとの連携も重要な手法です。イベントのハッシュタグを作成し、参加者に写真やビデオを投稿してもらうことで、オンラインでのブランド認知度を大幅に向上させることができます。例えば、InstagramやXでのユーザー生成コンテンツは、イベントの認知度を高めるだけでなく、参加者同士のコミュニケーションを促進し、ブランドのコミュニティを強化します。
　ブランド戦略としてのコンプライアンスにおいても、イベントやプロモーションは重要です。特にリアル開催のイベントは、間接部門のコンプライアンス部門が顧客をはじめとする組織外のステークホルダーと直接交流し、社会の期待を知得する貴重な機会です。
　ブランド戦略としてのコンプライアンスが対象とする「決まり」には、法令や社内外のルールだけでなく、社会の期待も含まれます。文献や資料で学ぶことができる法令やルールと異なり、社会の期待を知得するには、自ら組織外のステークホルダーと対話を行うことが不可欠です。イベントには、組織外ステークホルダーの中でも組織が最も大切にする人々が集まるので、解像度の高い社会の期待に触れることができます。とはいえ、コンプライアンスに特化したイベントを企画し実行できる組織はそれほど多くありません。「コンプライアンス」という言葉や概念に対する社会のイメージは必ずしも好意的ではなく、人をワクワクさせたり「行ってみたい！」と思わせたりするものではないからです。
　より現実的なのは、既存のイベントやプロモーションに相乗りする方法で

195

しょう。例えば、ESG や SDGs に関するイベントはブランド戦略としてのコンプライアンスとも相性が良いものです。両者とも「環境」に関する事項が注目されがちですが、ESG の S（Society）や G（Governance）はコンプライアンスに関する事項が含まれていますし、SDGs の 17 目標の中にも「つかう責任、つくる責任」「平和と公正をすべての人に」をはじめ、コンプライアンスと相性がよさそうなものがいくつも含まれています。

　多くの企業が開催しているイベントの中で相乗りしやすいものとしては採用イベントが挙げられます。採用イベントでは製品やプロダクトの優位性ではなく、組織の価値観や世界観、メンバーをはじめとするステークホルダーとの関係性が語られます。多くの企業でコンプライアンス違反が発覚し、その背後にガバナンス不全や組織の同調圧力など「決まり」を守る姿勢の問題があることが明らかになっている昨今、求職者の多くは組織の誠実さに高い関心を持っています。

　ブランド戦略としてのコンプライアンスに基づいて、「決まり」を守る姿勢を求職者にアピールすることはイベントの成功の観点からも効果的でしょう。

④ SNS を使ったコミュニケーション

　SNS を使ったコミュニケーションは、現代のブランド戦略において非常に高く評価されています。SNS は単なる情報発信の場ではなく、ブランドと消費者の間に直接的かつコミュニケーションを生み出す強力なツールであり、その活用によって従来の広告手段では実現が難しかった顧客との深い関係を築くことが可能になりました。

　SNS においても、ロゴやデザイン、そして「中の人」による投稿や発言がコミュニケーションガイドラインに則っていることは非常に重要です。SNS においてはそれらに加えて、Instagram や X といったそれぞれのプラットフォームに適した形式で、一貫性を持たせることが求められます。なお、SNS における有名な企業アカウントの中には、あえて「中の人」の独自性を出したり、プラットフォームのカラーとは異なる投稿をして注目を浴びている

第4章
ブランド戦略としての
コンプライアンスの実施

ものもありますが、もしそのような振る舞いをしたい場合には、なおさら綿密にコミュニケーションガイドラインとの矛盾が無いように計算する必要があります。

さらに、SNSはユーザー生成コンテンツ（UGC）を活用する場としても有効です。顧客が自発的にブランドに関連する投稿を行うことで、その信頼性や親近感が高まります。UGCは他のユーザーにとっても共感を呼び、ブランドの信頼性を強化します。UGCの成功例として知られているのは小型カメラのGoProの「Million Dollar Challenge」です。これは、新しいGoProモデルを購入したユーザーが「人生の壮大な瞬間」を撮影し、シェアすることを奨励するキャンペーンで、優れた作品には賞金が与えられ、ユーザー生成コンテンツがGoProのソーシャルメディアに広く共有されました。製品の使用体験を共有することで、新たな顧客を引き付け、コミュニティ感を醸成した成功例であるとされています。

このキャンペーンの大きな特徴は、ユーザーが自身のクリエイティブな瞬間を共有することで、ブランドの魅力を増幅させる点にあります。例えば、あるユーザーはテニスボールの中にカメラを入れ、犬がそれを噛む映像を撮影するなど、ユニークで創造的な映像が多数集まりました。これにより、GoProのカメラがいかに多様な場面で活用できるかを示すことができ、他のユーザーにも新しい使い方のアイデアを提供しています。

UGCキャンペーンが成功する理由は、顧客が自身をブランドの一部として感じることができる点にあります。ユーザーが自分のコンテンツをシェアすることで、他の顧客や潜在的な顧客に対して信頼性と親近感を生み出します。また、UGCは広告費用を抑えつつ、多くのコンテンツを生成する方法としても非常に効果的です。

インフルエンサーとのコラボレーションもSNSブランディングの重要な要素です。適切なインフルエンサーを選び、その影響力を活用することで、ターゲットオーディエンスに対するブランドの認知度と信頼性を大幅に向上させることができます。インフルエンサーは、特定の分野やコミュニティで強い影響

力を持つ人物であり、彼らの意見や推薦はフォロワーに大きな影響を与えることができます。

　まず、インフルエンサーは、その信頼性に基づいてフォロワーの支持を得ています。ブランドがインフルエンサーとコラボレーションすることで、その信頼性を借りることができ、消費者に対してブランドの信頼感を高めることができます。フォロワーはインフルエンサーの推薦を信頼し、ブランドや製品に対してポジティブな印象を持つことが多いです。

　また、インフルエンサーは大規模なフォロワーベースを持っており、特定の興味を持つグループに対して効果的にリーチすることができます。これにより、ブランドはターゲットオーディエンスに直接アプローチでき、広告費用対効果を高めることができます。例えば、美容系インフルエンサーとコラボすることで、美容に関心のある消費者に効果的にリーチするとことができるわけです。インフルエンサーによる製品やサービスの推薦は、口コミ効果を生み出します。フォロワーは、インフルエンサーが実際に使用し、推薦する製品に対して高い信頼を寄せます。これにより、ブランドへの信頼が強化され、購買行動に結びつくことが多くなります。

　ブランド戦略としてのコンプライアンスにおいても、SNS の活用は有効な打ち手になります。広告キャンペーンの項目でも紹介した通り、自社のコンプライアンスに関する取り組みを発信し、「決まり」を守る誠実さを付加価値としてアピールすることができますし、ステークホルダーの反応を見ることでそのような取り組みがどれだけブランドイメージの向上に寄与しているかを測ることもできるでしょう。自己満足的な活動になりがちなコンプライアンスにとって、これは大きなメリットです。

　さらに、ステークホルダーやインフルエンサーを巻き込み、組織にとってのコンプライアンスとはどのようなものなのかを探究していく打ち手としても有効です。一方的に自社の取り組みを発信するだけでなく、ステークホルダーに対してブランドに期待されているのはどのような言動なのかを問いかけることによって、単なる「べき論」に留まらない解像度の高い「社会の期待」を知る

ことができます。

　SNS の活用にはリスクも伴いますが、独自のコミュニケーション手段を持たないコンプライアンス部門にとって比較的安価で幅広い人々からフィードバックを得ることができる有効な打ち手でもあります。コンプライアンスに関する発信を行っている企業が少ない今だからこそ、他社に先駆けて大きな効果が得られる可能性を秘めているとも言えるでしょう。

⑤コラボレーション、スポンサーシップ
　ブランディングにおいては、コラボレーションやスポンサーシップも有効な打ち手です。他のブランドやイベントとのコラボレーションやスポンサーシップを通じて、ブランド認知度やステークホルダーの共感を大幅に高めることができます。例えば、スポーツイベントのスポンサーや有名ブランドとのコラボ商品は、広範なオーディエンスにブランドをアピールする機会となります。
　まず、コラボレーションは、2つ以上のブランドが力を合わせて新しい製品やサービスを共同開発する手法です。例えば、LEGO と IKEA が共同で開発した収納と遊びを融合させたコレクションの BYGGLEK は、収納ボックスには LEGO ブロックと互換性のあるスタッドを設けることで、遊びながら収納ができるアイテムです。これにより、子どもたちの創造性を促進するとともに作成した作品をそのまま保存することで楽しみながら収納をすることができます。このようなコラボレーションは、それぞれのブランドの強みを活かし、新しい価値を提供することで、消費者の関心を引き付けます。
　また、スポンサーシップは、企業がイベントやスポーツチーム、インフルエンサーなどを支援することで、ブランドの露出を増やす方法です。例えば、レッドブルは様々なエクストリームスポーツイベントをスポンサーすることで、冒険や興奮を象徴するブランドイメージを確立し、ターゲットオーディエンスとの深い結びつきを作り出しています。
　ブランド戦略としてのコンプライアンスにおいても、コラボレーションやスポンサーシップは強力な手段になり得ます。パートナーとなる組織同士が共同

して「決まり」を守る誠実さを社会に向けて発信すると、受け手であるステークホルダーは両者が真剣な取り組みを行っていると感じます。これによって、組織単独で発信するよりもステークホルダーを強く惹きつけることが可能になります。

　ブランド戦略としてのコンプライアンスの文脈で取り組みやすいコラボレーションは、環境団体や慈善団体など NPO とのコラボレーションでしょう。これらの団体への寄付等の支援や共同の取り組みは ESG や SDGs などとの相性が良いことが多く、「決まり」を守る誠実さというブランド戦略としてのコンプライアンスの目的とも繋がりやすいためです。

（4）打ち手を連携させるフィードバックループ

　最後は統合フレームワークの上下に配置されたフィードバックループです。ブランド戦略としてのコンプライアンスの最大の特徴は、コンプライアンスを単なるルール遵守を超えて、組織とステークホルダーとのコミュニケーション手段として進化させる点にあります。そして、そのために最も大切なことは、組織内に向けた打ち手と組織外に向けた打ち手を連携させるフィードバックループです。

　インターナル・ブランディングとしてのコンプライアンスは、組織内で「決まり」を守る誠実さを醸成し、それをプロダクトやサービス、広告に反映させるプロセスです。例えば、研修によって明らかになった「決まり」を守る誠実さのイメージは、組織内で共有され企画部門や製造部門などによってプロダクトやサービスに反映していきます。すなわち、研修の結果をそのままで終わらせず、実際の業務の中に反映させるわけです。

　一方で、ブランド戦略としてのコンプライアンスを推進する部門は、定期的にそれらの関連部門を訪れてインタビューを行い、「決まり」を守る誠実さがどのようにプロダクトやサービス、広告に反映されているか、組織外のステークホルダーに対して、どのように伝えているかを関連部門との対話を通じて言

第 4 章
**ブランド戦略としての
コンプライアンスの実施**

語化して把握します。多少こじつけであったり無理があったりしても問題ありません。この過程では「決まり」を守る誠実さが反映されている（反映しようとしている）という事実を組織内で確認し、積み重ねていくことが大切だからです。

　プロダクトやサービス、広告が外部に発信された後は、それらに対する外部ステークホルダーからのフィードバックを取得します。ブランド戦略としてのコンプライアンスを推進する部門は、自ら積極的に関連部門に働きかけてフィードバックを共有してもらうようにします。

　このほか、ブランド戦略としてのコンプライアンスを推進する部門が自らイベント出席や SNS を通じて直接・リアルタイムにフィードバックを受け取ることも重要です。「決まり」を守る誠実さが、どの程度ステークホルダーの共感と信頼を呼んでいるかを一次体験することができるためです。得られたフィードバックは、研修や社内報などインターナル・ブランディングとしてのコンプライアンスの打ち手を通じて、組織全体で共有されます。

　社内共有に際しては、特にポジティブなフィードバックにフォーカスを当てるようにします。というのも、人間はポジティブなフィードバックよりネガティブなフィードバックに強く反応してしまう傾向（ネガティビティ・バイアス）があるからです。ネガティブな情報に対する敏感さは生存に不可欠なものでした。初期の人類は、危険や脅威を早期に察知し、それに対処することで生存率を高めていました。これが、ネガティブな出来事や感情に対して脳がより強く反応する理由です。脳は危険を避けるためにネガティブな情報を優先的に処理し、それを記憶に留めるように進化してきたというわけです。

　一方、ポジティブなフィードバックは、自己肯定感を高め、モチベーションを向上させる効果があります。ポジティブなフィードバックは、特に新しいスキルを学ぶ初期段階において非常に有効であるとされます。これは、初心者が自信を持ち、学習や挑戦を続けるための原動力となるからです。さらに、継続的にポジティブなフィードバックを受けることで、自己効力感が強化され、長期的な成長と成功に繋がります。

興味深い点として、初心者とエキスパートではフィードバックの受け取り方が異なるという研究結果もあります。初心者はポジティブなフィードバックによってモチベーションを維持しやすいのに対し、エキスパートはネガティブなフィードバックからより多くを学び、パフォーマンスを向上させる傾向があります。これは、エキスパートが既に自信を持っており、改善点を見つけることがパフォーマンス向上の鍵となるためです。

　ビジネスにおいては、この現象を理解し、適切に対処することが重要です。例えば、ポジティブなフィードバックを意識的に集めて積極的に提供し、ネガティブな情報とのバランスを取ることも重要になるのです。特に、ブランド戦略としてのコンプライアンスを推進する部門がブランディングまたはコンプライアンスのエキスパートで、フィードバックを行う組織全体が初心者である場合には意識的にポジティブなフィードバックを多めに行うことが有効だと言えるでしょう。

　ポジティブなフィードバックは、組織がブランド戦略としてのコンプライアンスを進めていくためにエネルギー源です。コンプライアンスという活動は、「できて当たり前」とされることが多く、どんなに頑張っても褒められることが少ない活動です。

　しかし、本書で見てきたように「決まり」を守って誠実に事業活動を行うことは決して簡単なことではなく、強い意思と行動によってはじめて実現できる立派な「付加価値」なのです。また、人間は義務感や使命感だけで行動するには限界があります。組織とメンバーが大切にしたい外部ステークホルダーからのポジティブなフィードバックは、組織の意思と行動を正しく評価するとともに、ブランド戦略としてのコンプライアンスを進める上で大きな活力となります。

　インターナル・ブランディングとしてのコンプライアンスの打ち手の結果をプロダクトやサービス、広告に適切に反映することで、組織のメンバーが「決まり」を守って誠実に事業活動を行うという価値に基づく一貫した言動ができるようになります。そうした言動に対する外部ステークホルダーからのフィー

第4章
**ブランド戦略としての
コンプライアンスの実施**

ドバックを組織内で共有することで、必要に応じて打ち手をアップデートして
いく、というフィードバックループを繰り返すことによって、ブランド戦略と
してのコンプライアンスはより強固になり、ステークホルダーからの信頼と共
感も強くなっていきます。このように、組織内での誠実さの共有と外部フィー
ドバックの活用を通じて、持続的な成長と経済的利益を実現するための基盤を
築くのがフィードバックループの役割です。

　本章ではブランド戦略としてのコンプライアンスの打ち手を、統合フレーム
ワーク上に配置し、有機的に連携させることによってステークホルダーからの
信頼と共感を得るための仕組みを動かし、ポジティブなフィードバックという
エネルギーを得て継続的な取り組みに繋げていくプロセスを見てきました。

　ここで挙げた様々な手法やアイデアは、あくまでも私が見聞きした「他人の
アイデア」に過ぎません。ブランド戦略としてのコンプライアンスのあり方や
打ち手は、ブランドの数だけ存在します。みなさんの組織やブランドらしい打
ち手のアイデアやその実践に、本章で挙げた例がお役に立てば幸いです。

　ブランド戦略としてのコンプライアンスの最大の魅力は、その仕事が推進部
門の業務だけで完結するものではなく、組織内の様々な部門との連携と組織外
のステークホルダーとのコミュニケーションを通じて進めるダイナミックさに
あります。また、自身の仕事が実際にステークホルダーからの信頼と共感、お
よびそれに伴う競争力の向上に貢献していることが実感できるのも、ビジネス
パーソンとしては魅力的なのではないでしょうか。

203

第 5 章

ブランド戦略としての
コンプライアンスの継続と
アップデート

ブランド戦略としてのコンプライアンスを巡るお話もいよいよ終わりが近づいてきました。第1章から第4章を通して、ブランド戦略としてのコンプライアンスが、「決まり」を守る誠実さという価値をステークホルダーに届けるものであること、それによってステークホルダーの共感と信頼を得て組織の持続的な利益と成長に貢献するものであること、そのために必要となる組織の内外に向けて様々な打ち手について見てきました。

　最終章となる本章では、ブランド戦略としてのコンプライアンスを一時の流行で終わらせることなく、長期的な競争優位を確立するための注意点について見ていきます。というのも、ブランド戦略としてのコンプライアンスは、短期間で劇的な効果を狙う飛び道具的な取り組みではなく、組織の戦略と一体となって長期的に実践されることではじめて真価が発揮されるものだからです。もっとも、ブランド戦略としてのコンプライアンスを長期的に実践し、進化させていくためにはいくつかの注意すべき課題があります。

第5章
ブランド戦略としての
コンプライアンスの継続とアップデート

1 継続的進化のための課題

（1）コンプライアンス活動の風化

　まず、最初の問題はコンプライアンスの風化です。これは、新たなコンプライアンス施策を取り入れた直後は真剣に取り組むものの、時間が経つと徐々にその真剣さが失われる現象です。重大なコンプライアンス違反によって危機に瀕した企業を含む多くの企業で見られる問題であり、継続的な対策が求められます。

　企業のベテランコンプライアンス部員の話を聞いても、大きなコンプライアンス違反から概ね10年程度経過すると、若手従業員を中心に事件のことを知らない世代が増えていき、また、コンプライアンスに関する打ち手も同じことの繰り返しになってネタが枯渇してくることなどが相まって、風化していると感じられることが多いようです。

　企業の不祥事が公になった場合、その記憶は組織のアイデンティティと行動規範に影響を及ぼします。企業はこれらの記憶を適切に管理することで、信頼の再構築と未来の危機防止に繋がる重要な教訓を抽出できます。しかし、組織の記憶も人の記憶と同様に様々な理由で風化していきます。例えば、新しい情報が追加されることで、古い記憶は更新され、徐々に風化します。企業が新しい成果や変革を経験すると、過去の不祥事は背景に退くことがあります。

　また、社会の価値観や技術の進化により、過去の出来事の解釈が変わることがあります。これにより、記憶は再解釈されるか、忘却されます。自社の不祥事の後に、他社が同種のもっと大きな不祥事を起こした場合に「あの会社の不祥事に比べればたいしたことなかった」という再解釈がされるような場合です。

　組織のリーダーやメンバーの交代も組織の記憶に影響を与えます。組織内の

207

コミュニケーションの不足等によって、新しいリーダーやメンバーが過去の出来事の意義の共有が不十分になる場合、その記憶は徐々に失われる可能性があります。

この記憶の風化は、組織にとって二重のリスクをもたらします。一つは、同じ過ちを繰り返す可能性が高まることです。もう一つは、ステークホルダーとの信頼関係が徐々に低下することにより、ブランドの評価が損なわれる可能性です。たとえ時間が経過しても、不祥事の記憶が風化すると、組織は必要な教訓を活かし続けることが困難になります。

（2）コンプライアンス戦略の陳腐化

優れた戦略で市場を席巻した組織であっても、社会や状況の変化に適応できなければ、たちまち戦略が陳腐化し競争力を失います。一方で、社会や状況に適応し有効な戦略を実行した組織が、新たな成長のチャンスを掴むのもまた現実です。組織が持続的な競争優位を勝ち取るには、時代に適応した戦略を実行することが必要不可欠です。

しかし、ある状況に適応していくことでかえって適応力が低下し、陳腐化した戦略にいつまでも固執し続けてしまうという現象があります。組織理論家のカール・E・ワイクは、このことを「適応は適応力を阻害する」という言葉で表現しました。組織が現在の状況に過度に適応すると、将来の予期せぬ変化に対する反応能力が低下してしまうのです。組織は環境の変化に対して常に柔軟であるべきですが、一度成功した戦略に固執すると、その柔軟性を失いがちです。企業が一度成功した方法を繰り返し使用することで、他の可能性を探る余地が狭まり、結果として組織が硬直化しイノベーションの可能性が低下することが示唆されています。

似たような考えに、クレイトン・クリステンセンの「イノベーションのジレンマ」があります。これは、成功した企業がその成功に依存するあまり、新たな技術やビジネスモデルを追求する能力を失う現象を指します。現在のビジネ

第 5 章
ブランド戦略としての
コンプライアンスの継続とアップデート

スモデルが成功している間はそれを維持することが合理的に見えますが、その背後では市場の変化が進行し、新たな競争相手が出現します。最終的に、その成功が企業にとって大きなリスクとなり、突然の市場変化に対応できなくなるのです。クリステンセンは、企業がこのジレンマに陥る理由を、組織が現在の顧客のニーズに焦点を当て過ぎることにあると説明しています。

　既存の顧客が求める製品やサービスを改善することに集中し過ぎることで、多くの顧客が興味を持たないものの、市場構造を根本的に変えてしまう可能性がある「破壊的イノベーション」への対応が遅れ、「破壊的イノベーション」による市場の変化に対応できずに競争力を失うのです。破壊的イノベーションの登場を理解しても、既存顧客の要望には応え続けなければならないことが「ジレンマ」と呼ばれる所以です。

　このような市場環境の変化による戦略の陳腐化の問題は、ブランド戦略としてのコンプライアンスにも当てはまります。コンプライアンスもまた組織を取り巻くステークホルダーの考え方（社会の期待）の変化や、市場環境の変化に伴う組織の目的の変化に無関係ではいられないからです。例えば、かつてはコミュニケーションの手段として広く認められていたような言動であっても、現代では多くの人によって問題視されるものもあります。また、特定の業界内では長い間「業界慣行」として認められていたようなものであっても、「決まり」に反するものとしてある日突然問題視されることもあります。

　組織のコンプライアンス活動とは、「決まり」に対して組織を適応させていくプロセスです。法令や契約上の義務事項のような「決まり」であれば、違反行為を許容するような適応は誤りであり、他の適応方法を模索すべきということができます。しかし、本来は望ましくないことですが、組織の中には、人員や予算の不足、その他様々な理由で法令や契約で要求されている事項を完璧に守ることができない場合もあります。

　また、「決まり」の中には、期待される行動が明確に定義されていないものも存在しますし、ある種の理想や努力目標が掲げられているものも少なくありません。さらに守らなければならない「決まり」自体が時代に合わないもので

209

あったり、「決まり」が相互に対立しており両方を守ることが難しい場合などもあります。

　このような場合のコンプライアンス活動は、組織が置かれた現実と「決まり」との間のギャップを埋め、組織を「決まり」に適応させていくという側面があります。例えば、今すぐに法令に対応することは難しいが、１年をかけて対応を進めていくことで違法状態であることのリスクを軽減しようと試みたり、社会によって期待されている言動（環境保護活動など）をできる範囲で実現しようという試みなどがこれにあたります。

　しかし、ひとたび適応が進んでしまうと、市場環境やステークホルダーの期待の変化に対する反応が鈍くなることがあります。過去において「法令違反ではないから問題ない」という形で適応した行為が、現代における価値観の変化によって「法令違反でなければ何をやってもいいのか」と批判され炎上したりする場合などがこれに該当します。

　ブランド戦略についても同様です。例えば、いわゆる「スポ根的」な世界観を提示することで顧客の支持を得ているブランドがあったとします。顧客は、当該ブランドにストイックで職人気質な世界観を求めており、そこで働く人々の軍隊的で統制のとれた立ち居振る舞いに敬意を表しているとしましょう。このような世界観は次第に時代遅れになり、顧客以外の人々からは、働く人々に対する猛烈な統制と組織への奉仕を要求する姿勢が、批判の対象になり始めます。

　しかし、顧客はそのブランドに対し高いロイヤルティを感じており、社会の人々が何を言おうと、そのブランドの「スポ根的」な世界観が好きだというような場合、ブランドは批判の対象となっている世界観を変えられなくなります。組織の適用力が失われることで、社会の期待と言動のずれが大きくなり、既存顧客以外の支持が得られにくくなるのでますます既存顧客の支持を得るための言動に傾倒しまいます。社会の変化を受けて既存顧客の価値観が変わるころには取り返しがつかないほどブランドイメージが悪化してしまっているというわけです。

第5章
ブランド戦略としての
コンプライアンスの継続とアップデート

 継続的進化のための視点

 （1）組織学習

　ビジネスの現場において、学習と適応は組織の成功に不可欠な要素です。このような組織学習の枠組みについて、クリス・アージリスとドナルド・ショーンはシングルループ学習とダブルループ学習という2つの学習パターンを用いて説明しています。

　シングルループ学習は、既存の枠組みや目標、方針に基づいて行動を修正するプロセスを指します。この学習プロセスは、エラーや不一致を検出し、それを修正するために既存の行動を調整することに焦点を当てています。具体的には、現在の戦略や手法が期待通りの結果をもたらさない場合、その原因を探り、戦略の微調整を行うことです。

　シングルループ学習は、テスト勉強に似た学習方法だと言えます。テストにはあらかじめ定められた答えがあり、テスト勉強はその答えに早く正確にたどり着くために知識を暗記したり解法のトレーニングを行います。これは、目標と現状のギャップを修正するというシングルループ学習の典型です。

　ビジネスの文脈では、マーケティングキャンペーンが期待通りの成果を上げていない場合、そのキャンペーンのメッセージやチャネルを微調整することがシングルループ学習に該当します。例えば、ある製品の売上が低迷している場合、広告のターゲット層やメッセージ内容を変更することで改善を図るのがシングルループ学習の典型的なアプローチです。この方法は迅速な対応が可能であり、短期的な成果を上げることができますが、根本的な問題にはアプローチしないため、同じ問題が繰り返される可能性があります。

　これに対して、ダブルループ学習は、既存の枠組みや目標、方針そのものを

問い直し、根本的な変革を図るプロセスです。この学習プロセスは、組織の基盤となる信念や価値観、規範を再評価し、必要に応じてそれらを変更することを含みます。つまり、エラーや不一致の背後にある根本的な原因を探り、より深いレベルでの学習と変革を促進するのです。

　ダブルループ学習の例は研究活動だと言えるでしょう。研究では思ったような結果が出なかった場合に、単にそのエラーを修正するだけでなく、エラーの原因となるプロセスや思考の枠組みそのものを見直していきます。そもそも設定した課題は探究する価値があるのか、あるいは目の前の現象の背後には想定していたものとは別のロジックがあるのではないか、など、誰かによって定められた答えに到達するのではなく、自ら問いを立て課題を再設定するプロセスを含んでいます。

　ビジネスの世界で言えば、例えば、企業が顧客満足度の低下に直面した場合、単にサービス品質を改善するだけでなく、顧客との関係性や企業の価値提供のあり方を根本から再考することがダブルループ学習であると言えるでしょう。ダブルループ学習の実践は、組織が環境の変化に適応し、イノベーションを推進するために不可欠です。これは環境の変化によって既存のやり方が通用しなくなった場合に、組織全体のビジョンやミッション、戦略そのものを見直すことで環境の変化に適応するためには、ダブルループ学習が有効であるためです。

　シングルループ学習とダブルループ学習との間に優劣はなく、相互補完的な関係にあります。例えば、シングルループ学習は目の前の課題を迅速かつ的確に解決していくのには優れた方法であり、組織の戦略が機能している場合には高い成果が期待できる一方、組織の視野が狭くなり戦略オプションが限定されるというデメリットがあります。

　他方で、ダブルループ学習は状況に応じて柔軟な対応を模索することができるので、戦略を見直したり刷新する場合の対応力には優れていますが、状況の観察や検討に時間がかかることや学習の結果が成果となって現れるか否かが未知数であるため、安定的な成果を出すことは難しい側面があります。そのため、より質の高い組織学習のためには双方をバランスよく取り入れることが大切で

212

第5章
ブランド戦略としての
コンプライアンスの継続とアップデート

す。

　この点、日本型の組織はシングルループ学習に偏りがちだとよく言われます。例えば、戸部良一らの著書では以下のように指摘されています。[注1]

　　いずれにせよ、帝国陸海軍は戦略、資源、組織特性、成果の一貫性を通じて、それぞれの戦略原型を強化したという点では、徹底した組織学習を行ったといえるだろう。しかしながら、組織学習には、組織の行為と成果との間にギャップがあった場合には、既存の知識を疑い、新たな知識を獲得する側面があることを忘れてはならない。その場合の基本は、組織として既存の知識を捨てる学習棄却（unlearning）、つまり自己否定的な学習ができるかどうかということなのである。そういう点では、帝国陸海軍は既存の知識を強化し過ぎて学習棄却に失敗したといえるだろう。

　この点について、コンサルタントの鈴木博毅は著書の中で、以下のように述べ、成功の本質ではなく、型と外見だけを伝承することが日本企業の不振の原因であることを示唆しています。[注2]

　　体験学習と共にイノベーションの本質を直感的に理解した優れた日本人経営者の企業は、戦後経済において世界的なブランドにまで躍進しました。それが、現時点で不振にあえいでいる様子を見ると過去の経営者の成功体験を「単なる形式」としてだけ伝承し、当時なぜ成功を収めることができたか、という「勝利の本質」がまったく組織内に伝承されていないことが、急失速の原因なのではないでしょうか。

注1　戸部良一、寺本義也、鎌田伸一、杉之尾孝生、村井友秀、野中幾次郎著『失敗の本質　日本軍の組織論的研究』369頁（中公文庫、1991年）
注2　鈴木博毅著『「超」入門　失敗の本質　日本軍と現代日本に共通する23の組織的ジレンマ』135頁（ダイヤモンド社、2012年）

ブランド戦略としてのコンプライアンスを進めるには多くの困難が伴います。組織内の様々な部署との調整を重ね、弁護士等の外部専門家を動員し、時間と手間をかけて作り上げた組織の言動を「決まり」に適合させる仕組みは、その専門性の高さや複雑さも相まって絶対的なものとみなされがちです。

　しかし、いかなる状況にいても機能する完璧な戦略が存在しないという前提に立ち戻り、ダブルループ学習の考え方に則って意識的に戦略を見直し、時には「ブランド戦略としてのコンプライアンス」という考え方そのものを疑い、ゼロベースで検討をすることもまた戦略を進化していく上では必要です。

（2）進化を促す「問い」と思考法

　先例や常識に縛られずに、ゼロベースで戦略を見直す際に必要となるのが、良質な問いを立てるスキルです。良質な問いは問題の本質に光を当てるだけでなく、問いかけられた人との間のコミュニケーションやコラボレーションのきっかけとなり、戦略を進化させるきっかけになるためです。

　例えば、ブランディングの観点では、ジム・ステンゲルが著書で紹介している、P&Gの植物性ショートニング「クリスコ」の立て直しの際に投げかけた問いが参考になります。ステンゲルは、業績不振に悩んでいたクリスコの担当部門の人々に「ブランドにとって最も重要なステークホルダーは誰か」「彼らがどのような価値観を持っているのか」「ブランドが持っている強みは何か」といった問いを投げかけました。

　その結果、クリスコが「自宅でケーキやパイを作る主婦」をメインターゲットにしていることが明らかになり、彼らが健康に関心があるにもかかわらず、クリスコのヘルシーであるという強みを上手くアピールできていなかったことが判明しました。ステンゲルたちはクリスコのメインターゲットをワーキングマザーに変更し、手軽でヘルシーなおやつの材料としてクリスコをリブラン

第5章
ブランド戦略としての
コンプライアンスの継続とアップデート

ディングすることでクリスコの業績を立て直したといいます。[注3]

より具体的な問いの技術については、安斎勇樹と塩瀬隆之の著書で紹介されている5つの思考法が参考になります。同書は問題を捉える思考法として素朴思考、天邪鬼思考、道具思考、構造化思考、哲学思考の5つを紹介しています。[注4]詳細な説明は同書を読んでいただくとして、ここでは私なりの理解を簡潔に記載するに留めたいと思います。

素朴思考は、問題に対峙した際に単純にわからないことや疑問に思ったことを中心に考える方法です。これは必ずしも良い問いである必要はなく、無知な自分になって考えることが大切です。例えば、「そもそも、コンプライアンスってどういう意味?」といった基本的な疑問を持つことから始めます。

天邪鬼思考は、目の前の問題に対して批判的な視点で考える方法です。ひねくれた自分になって考えることで、新たな視点や見落としていた問題点に気づくことができます。例えば、「コンプライアンスなんて、本当は必要ないのではないか?」と疑問を投げかけることがこの思考の例です。

道具思考は、関連する分野の知識や、逆に全く関連が無さそうな分野の知識を使って考える方法です。異なる分野の視点を取り入れることで、新しいアイデアや解決策が生まれることがあります。例えば、「量子力学の視点からコンプライアンスについて考えたら?」といった異分野の知識を活用する方法です。

構造化思考は、問題を要素に分解し、関連性を明らかにすることで問題の構造を理解する方法です。これにより、複雑な問題でも整理して解決策を見出すことができます。例えば、「コンプライアンスを人の要素、組織の要素、法令の要素に分解して考えたら?」といったアプローチです。

哲学思考は、事象の本質を深く考える方法です。自分自身の経験に根差した意味を掘り下げ、他者と共有できる理解を達成することが目的です。例えば、「コ

注3　ジム・ステンゲル著、川名周（解説）、池村千秋（訳）『本当のブランド理念について語ろう「志の高さ」を成長に変えた世界のトップ企業50』152～155頁（阪急コミュニケーションズ、2013年）
注4　安斎勇樹・塩瀬隆之著『問いのデザイン　創造的対話のファシリテーション』65頁～77頁（学芸出版社、2020）

ンプライアンスとは何か？」といった本質的な問いを立てることが哲学思考の一例です。

　また、進化という点に注目するのであれば、太刀川英輔の著書[注5]で紹介されている変異と適応のループも有益です。同書は「生物の進化と同じく「変異と適応」を繰り返すことで、誰もが創造性をあきらめることなく発揮できるようになる思考法」です。例えば、生物の進化過程で見られる多様な適応戦略や進化のプロセスを人間による様々な創造活動、ビジネスや社会の問題解決に応用する方法を具体的に示しています。

　同書によれば、創造とは「変異（HOW）」と「適応（WHY）」という２つのプロセスの往復から発生するとされます。「変異（HOW）」は偶発的なアイデアを大量に生み出す発想方法で、同書は変量、擬態、欠失、増殖、転移、交換、分離、逆転、融合の９つの発想を提示しています。

・変量：極端な量を想像してみよう
・擬態：欲しい状況を真似てみよう
・欠失：標準装備を減らしてみよう
・増殖：常識よりも増やしてみよう
・転移：新しい場所を探してみよう
・交換：違う物に入れ替えてみよう
・分離：別々の要素に分けてみよう
・逆転：真逆の状況を考えてみよう
・融合：意外な物と組み合わせよう

　これに対して、「適応（WHY）」の思考とは適応状況を理解する生物学的なリサーチ手法であり、解剖、系統、生態、予測の４種類があるとされます。

・解剖：内側の構造と意味を知ろう
・系統：過去の系譜を引き受けよう
・生態：外部に繋がる関係を観よう

....
注5　太刀川英輔著『進化思考　生き残るコンセプトを作る「変異と適応」』（海士の風、2021年）

216

第5章
**ブランド戦略としての
コンプライアンスの継続とアップデート**

・予測：未来予測を希望に繋げよう

　これらの思考法を駆使することができれば、常識や前例にとらわれることなく、問題の本質を考え、ブランド戦略としてのコンプライアンスを継続的に進化させていく助けになるでしょう。

　現在の日本の教育システムでは、このようなスキルを学ぶ機会は少ないのが現状です。特に筆者と同世代の人たちが受けてきた教育は、あらかじめ用意された正解を素早く的確に再現するスキルを鍛えるものでした。司法試験などはその最たる例です。

　その結果、コンプライアンスの仕事でも正解や前例、他社事例ばかりを追いかける傾向があります。担当者が自分の意見を述べると、「あなたの意見は聞いていない」と言われることさえあります。プロフェッショナルの現場ですらそうなのですから、前提を疑ったり自ら問題を設定することはなおさら難しいでしょう。

　しかし、これは過去の話かもしれません。筆者の小学生の子どもたちの勉強の様子を見ると、自分たちで問題を設定し課題を発見するような教育が進められています。あと10年もすれば、そうした教育を受けた人々が社会に出てくるでしょう。「前例ではなく、あなたの意見を聞いている」という時代が来るかもしれません。

　ブランド戦略としてのコンプライアンスは、ビジネスとは異なる法律の世界の代物であったコンプライアンスの「決まり」を守る誠実さという側面に注目し、ステークホルダーの共感と信頼に結び付けることによって、組織の持続的な成長と経済的利益の享受に結び付けるというアイデアです。これは、従来型のコンプライアンスが抱える多くの課題を解決に導くものです。しかし、このアイデアもまたコンプライアンスの進化の一形態に過ぎず、完璧でもなければ万能でもありません。だからこそ、私たちは思考を続けコンプライアンスを進化させ続ける必要があるのです。

217

おわりに

　ここまで、私の話にお付き合いいただきありがとうございました。

　「コンプライアンスで、企業をブランディングする」という本書の着想を得た7年前は、法務コンプライアンス業界においてこのアイデアに共感する人は皆無でした。それが、こうして書籍の形で広くみなさんにお話をする機会をいただくことができるとは、当時の私は夢にも思いませんでした。

　もともとこのアイデアは、キャリアに迷っていた私が独自の専門分野やオリジナリティを必死に模索する中で、自分自身の少ない経験と知識の中にたまたまあった「コンプライアンス」と「ブランディング」の2つを無理やりに結び付けたものです。これが当時の私が絞り出した精一杯のオリジナリティでした。『鬼滅の刃』という漫画の中で「お前はそれでいい。一つできれば万々歳だ。一つのことしかできないならそれを極め抜け。極限の極限まで磨け。」という言葉があります。私はこの言葉に勇気づけられ、自分の閃きを極め抜こうと考えたのです。

　自分の閃きを信じると、不思議なことに少しずつ共感の輪が広まっていきました。「面白い」「目からウロコ」という感想をくれる人が少しずつ増えてきたのです。そして気が付けば、日本ブランド経営学会でブランディングの研究者として活動する機会をもらい、所属する事務所でも「ブランディングの人」として認知され、事務所内でコンプライアンス違反の再発防止や予防を取り扱う「コンプライアンス＆インテグリティープラクティスグループ」のリードマネージャーになっていました。最近では、JCXAS（日本コンプライアンストランスフォーメーション協会）のブランドディレクションをする機会にも恵まれました。こうして振り返ってみると、この7年間は「ブランド戦略としてのコンプライアンス」を体系化し、実践する日々であると同時に、私自身が「ブランド戦略としてのコンプライアンス」によってブランディングされてきた日々だったと思います。

本書は、多くの人々の協力無しには書き上げることができませんでした。この場を借りて御礼を申し上げたいと思います。ブランド戦略としてのコンプライアンスの書籍化の声掛けをいただいた第一法規様には、私のわがままに辛抱強くお付き合いいただき書籍化の後押しをいただきました。渥美坂井法律事務所の弁護士やスタッフのみなさんには、執筆期間中に仕事面で様々なご迷惑をかけ、かつサポートをいただきました。また、日本ブランド経営学会のみなさんにはブランディングについて多くの示唆をいただき、かつ励ましと応援の言葉をいただきました。JCXAS のコンプライアンス×ブランディングワーキンググループのみなさんには、企業におけるコンプライアンス部門の視点からたくさんの意見をいただきました。そのほかにも、私の閃きや未整理のアイデアに対し、法律、アートなど様々な視点から意見をくれたり、執筆期間中に話を聞いてくれた大切な友人たちには感謝してもしきれません。そして最後に、執筆期間中、家を出て作業に向かう私にいつも応援の声をかけてくれた家族に心から感謝したいと思います。ありがとう。

　2020 年代になり、コンプライアンスへの関心はますます高まっています。本書を執筆中にもトヨタグループをはじめとする自動車業界の認証不正が明らかになり大きな話題になりました。世の中には、企業活動に不正はつきものだという諦めにも似た雰囲気すら漂っているように感じられます。しかし、だからこそ「決まり」を守る誠実さが付加価値として意味を持つ時代なのだと思います。ブランド戦略としてのコンプライアンスが多くの組織の持続的利益に貢献することで、誰もが正々堂々と、胸を張って仕事ができる社会の実現の役に立てば幸いです。

著者紹介

三浦　悠佑（みうら　ゆうすけ）

　一橋大学商学部商学科卒業（組織論、ブランド論）。渥美坂井法律事務所・外国法共同事業パートナー弁護士。コンプライアンス＆インテグリティプラクティスグループ　リードマネージャー。第一東京弁護士会。日本ブランド経営学会監事。日本コンプライアンストランスフォーメーション協会（JCXAS）運営コアメンバー。

　企業不祥事対応、危機管理を中心に企業法務全般を担当後、大手国際海運企業グループで、不祥事再発防止プロジェクトに従事。帰任後は競争法・下請法、腐敗防止案件を中心に担当する傍ら、「コンプライアンス×ブランディング」の牽引役として、コンプライアンスによる企業の非財務価値向上に挑戦している。

　コンプライアンスをテーマにしたセミナー、執筆等の実績多数。週刊エコノミスト「企業の法務担当者が選ぶ「頼みたい弁護士」13 選」危機管理部門第3 位（2021）、The Best Lawyers Governance and Compliance（2020～ 2025）。

サービス・インフォメーション

――――通話無料――――

① 商品に関するご照会・お申込みのご依頼
TEL 0120 (203) 694／FAX 0120 (302) 640
② ご住所・ご名義等各種変更のご連絡
TEL 0120 (203) 696／FAX 0120 (202) 974
③ 請求・お支払いに関するご照会・ご要望
TEL 0120 (203) 695／FAX 0120 (202) 973

●フリーダイヤル（TEL）の受付時間は、土・日・祝日を除く
9：00〜17：30です。
●FAXは24時間受け付けておりますので、あわせてご利用ください。

ブランド戦略としてのコンプライアンス
〜ステークホルダーからの共感と信頼が生む競争優位〜

2024年12月15日　初版発行

著　者　三　浦　悠　佑
発行者　田　中　英　弥
発行所　第一法規株式会社
〒107-8560　東京都港区南青山2-11-17
ホームページ　https://www.daiichihoki.co.jp/

ブランドコンプ　ISBN978-4-474-04020-5　C2034　（4）